古抄本群書治要二種

金澤文庫本

群書治要

圖版

三

〔唐〕魏徵 等撰
江曦 校理
潘銘基 解題

上海古籍出版社

本册目録

圖版

群書治要卷第十三

群書治要卷第十七……一〇八九

圖書寮
117
48
特 3

群書治要卷第十一　秘書監鉅鹿男臣魏徵等奉　勑撰

史記上　本紀　世家

黃帝者少典之子姓公孫（有熊國君少典之子也）名曰軒轅生而神靈弱而能言幼而徇齊（徇疾也齊速也言聖德幼而疾速也）長而敦敏成而聰明神農氏世衰諸侯相侵伐而神農氏弗能正於是軒轅乃習用干戈循德振兵以與

軒轅乃習用干戈脩德振兵以與
炎帝戰于阪泉之野 阪泉地名 三戰然
後得行其志蚩尤作亂乃與蚩尤
伐神農氏是爲黄帝東至于海西
至于空桐 山名也在隴右 南至于江北遂
葷粥 嚴允也 邑于涿鹿之阿遷徙往
來無常處以師兵爲營衛置左右
大監于萬國舉風后牧常先大鴻
以治民順天地之紀時播百穀勞

【第二紙】

以治民順天地之紀時播百穀勞
勤心力耳目節用水火財物有土
德之瑞故號黃帝帝王世紀曰神農氏衰蚩尤氏
敎不用帝命黃帝於是循德撫民始垂衣裳以班上下劍木為舟劍
木為楫舟楫之利以濟不通服牛乘馬以引重致遠重門擊柝以待
暴客斮木為杵掘地為臼杵之用以利万人弦木為弧剡木為矢弧
矢之利以滅天下諸侯咸敎神農而歸之討蚩尤氏會之子涿鹿之野
諸侯有不服者從而征之凡五十二戰而天下大服俯仰天地置衆
宮故以戚后配上台天老配中台五聖配下台謂之三公具餘地典

宫故以咸后配上台天老配中台
五聖配下台謂之三公具餘地典
力牧常先大鴻等或以為師或以
為將分掌四方各如己視故号曰
黄帝四目又使岐伯嘗味草木典
醫疾令經方本草之書咸出焉其
史倉頡又象鳥迹始作文字自黄
帝以上穴居而野處死則厚衣以
薪葬之中野結繩以治及至黄帝
為築宫室上棟下宇以待風雨而
易以棺槨制以書契百官以序萬
民以察神而化之使民不倦後作
雲門咸池之樂周礼所謂大咸者
也於是人事畢具黄帝在位百年
而崩年百一十歳矣或傳以為仙
或言壽三百年故宰我疑以問孔
子孔子曰民賴其利百年而崩民
畏其神百年而亡民用其教百年

子孔子曰民賴其利百年而崩民畏其神百年而亡民用其教百年
而移故曰三百年帝顓頊高陽者黃帝之
孫昌意之子也養材以任地載
時以象天依鬼神以制義治氣以
教化絜誠以祭祀北至幽陵南至
于交阯西濟於流沙東至於蟠木
東海中有山焉名度索上有大桃樹屈蟠三千里也動靜之
物大小之神日月所照莫不砥屬
砥平也皆平而來服屬也帝王世紀曰帝顓頊平九黎之亂使南正

【第三紙】

頊平也皆平而來服屬也帝王世紀曰帝顓頊平九黎之亂使南正重司天以屬神大正黎司地以屬民於是民神不離方物有序帝佶高辛者高陽高辛皆所興地名也顓頊與佶以字為號上古質故也黄帝之曽孫也生而神靈聡以知遠明以察微仁而威恵而信脩身而天下服取地之財而節用之撫教萬民而利誨之歴日月而迎送之明鬼神而敬事之其色郁郁其德嶷嶷其動也時其服也

郁〻其德嶷〻其動也時其服也
士日月所照風雨所至莫弗從助
帝王世紀曰帝嚳以人事紀官故
以句芒為木正祝融火正蓐收為
金正玄冥為水正后土為土
正是五行之官分職而治
帝堯
放勳其仁如天其智如神就之如
日望之如雲富而不驕貴而不舒
帝王世紀曰帝堯置敢諫之鼓命
羲和四子羲仲羲叔和仲和叔分
掌四時方嶽之職故名嶽天下大
和百姓無事有五老人擊壤於道
觀者歎曰大哉堯之德也老人曰
出而作日入而息鑿井而飲耕田

【第四紙】

觀者歎曰大哉堯之德也老人曰
出而作日入而息鑿井而飲耕田
而食帝何力於〔有〕哉我哉墨子以為
堯堂高三尺土階三等茅茨不剪
採椽不斲夏服
葛衣冬服鹿裘
虞舜名曰重華父
瞽叟頑母嚚弟象傲皆欲殺舜〻
順適不失以孝聞於是堯乃以二
女妻舜以觀其內使九男與處以
觀其外二女不敢以貴驕九男皆
益篤舜耕歷山歷山之人皆讓畔
漁雷澤雷上人皆讓居陶河濱河

漁雷澤雷上人皆讓居陶河濵河
濵器皆不苦窳窳病也一年而所居
成聚二年成邑三年成都於是堯
乃試舜五典百官皆治以揆百事
莫不時序流四凶族以禦螭魅堯
乃使舜攝行天子政堯崩天下歸
舜帝王世記曰舜立誹謗之木論曰孔子稱古者三皇五帝設防
而不犯故無陷刑之民是以或結繩而治或象畫而化自庖犧至于
堯舜神道設教可謂至政無所用刑矣夫三載考績黜陟幽明善無

堯舜神道設教可謂至政無所用刑矣夫三載考績黜陟幽明善無
微不著惡無隱不章任自然以誅賞委群心以就制故能造御乎無
為運道於至和百姓日用而不知含德若自有者也詩云上帝之載
无見其斯之謂乎也夏禹名曰文命當堯之
時洪水滔天舜登用乃命禹平水
土勞身焦思居外十二年過家門
不敢入薄衣食致孝鬼神卑宮室
致費於溝洫以開九州通九道陂
九澤度九山行相地宜所有以貢

【第五紙】

九澤度九山行相地宜所有以貢
東漸于海西被于流沙朔南暨朔北
方也聲教訖于四海於是帝錫禹玄
圭以告成功于天天下於是大平
治帝舜薦禹於天舜崩遂即天子
位國號曰夏后十七世帝履癸立
是為桀不務德而武傷百姓弗堪
湯脩德諸侯皆歸湯々遂伐桀々
走鳴條南夷地名遂放死而湯始居亳

走鳴條（南夷地名）遂放死而湯始居亳
征諸侯（為夏方伯得專征伐）葛伯不祀湯始
伐之湯曰予有言人視水視形視
民知治不伊尹曰明哉言能聽道
迺進吾國子民為善者在王官勉
哉勉哉湯出見野張網四面祝曰
自天下四方皆入吾網湯曰嘻盡
之矣乃去其三面祝曰欲左〻欲
右〻不用命乃入吾網諸侯聞之

【第六紙】

右々不用命乃入吾網諸侯聞之
曰湯德至矣及禽獸當是時夏桀
爲虐政淫荒湯乃伐桀踐天子位
帝大戊立伊陟爲相（伊陟伊尹子也）亳有
祥桑穀生於朝一暮大拱（祥妖恠也二木
合生不恭之罸）大戊懼問伊陟曰臣聞妖
不勝德帝之政其有闕與帝其脩
德太戊從之而祥桑枯死殷復興
故稱中宗　帝辛天下謂之紂帝

【第六紙】

故稱中宗　帝辛天下謂之紂帝
紂資辯捷疾聞見甚敏材力過人
手挌猛獸智足以拒諫飾是非之
端矜人臣以能高天下以聲以為
皆出己之下好酒淫樂嬖於婦人
愛妲己（有蘇氏美女也）妲己之言是從於
是使師涓作新淫聲北里之舞靡
〻之樂厚賦税以實鹿臺之錢（鹿臺
在朝哥城中也）而盈鉅橋之粟（鉅橋鹿水之大橋也）

左朝哥城中也而盈鉅橋之粟鉅橋鹿水之大橋也有漕粟益收狗馬奇物充仞宮室益廣沙丘苑臺沙丘在鉅鹿東北地多取野獸飛鳥置其中慢於鬼神以酒為池懸肉為林使男女倮相逐其間為長夜之飲百姓怨望而諸侯有叛者於是紂迺重刑辟有炮格之法膏銅柱加之炭上令有罪者行焉輙墮炭中妲己笑名曰炮格之刑也以西伯昌九侯鄴縣有九侯城鄂侯為

也以西伯昌九侯（鄴懸有九侯城）鄂侯為三公九侯有好女入之紂九侯女不憙淫紂怒殺之而醢九侯鄂侯爭之彊并脯鄂侯西伯昌聞之竊歎紂囚西伯羑里（河内蕩陰有羑里城）西伯

【第七紙】

之臣閎夭之徒求美女奇物善馬以獻紂〻迺赦西伯用費中為政費中善諛好利殷人弗親又用惡來善毀讒諸侯以此益疏多叛紂

來善毀讒諸侯以此益疏多叛紂微子數諫不聽迺遂去比干強諫紂怒割比干觀其心箕子懼迺詳狂爲奴紂又囚之周武王於是遂率諸侯伐紂〻走衣其寶玉衣赴火而死武王遂斬紂頭懸之白旗殺妲己殷民大悅周后稷名弃好耕農天下得其利有功封於邰曾孫公劉脩后稷之業民賴其慶古

孫公劉後后稷之業民賴其慶古公復修后稷公劉之業積德行義國人皆戴之孫昌立是為西伯西伯遵后稷公劉之業則古公之法敬老慈少礼下賢者日中暇食以待士〻以此多歸之諸侯皆來決平於是虞芮之人有獄不能決乃如周入界耕者皆讓畔民俗皆讓長虞芮皆慙俱讓而去諸侯聞之

長虞芮皆慙俱讓而去諸侯聞之
曰西伯蓋受命之君也武王即位
【第八紙】
太公望為師周公旦為輔召公畢
公之徒左右王師脩文王緒業聞
紂昏亂暴虐滋甚扵是伐紂〻師
皆倒兵以戰武王遂入斬紂散鹿
臺之錢發鉅橋之粟以振貧窮封
諸侯班賜殷之器物縱馬華山之
陽放牛扵桃林之墟偃干戈振兵

陽放牛於桃林之墟偃干戈振兵釋旅（入曰振旅也）示天下不復用成康之際天下安寧刑措卅餘年不用（措者置也民不犯法無所刑也）穆王即位將征犬戎祭公謀父諫（祭畿内之國為王卿士謀文字也）曰不可先王曜德不觀兵戢而時動動則威觀則玩玩則無震（震懼也）先王之於民也茂正其德而厚其性弃其財求而利其器用明利害

【第九紙】

姓弃其財求而利其器用明利害之鄉（鄉方也）以文脩之使務利而避害懷德而畏威故能保世以滋大昔我先王世后稷以服事虞夏弃世載德不忝前人至于文王武王照前之光明而加之以慈和事神保民無不欣喜商王帝辛大惡于民庶民不忍欣戴武王以致戎于商牧非務武也勤恤民隱而除其

商牧非務武也勤恤民隱而除其
害也夫先王之制邦內甸服邦外
侯服侯衛賓服（此總言之也侯侯圻衛〻圻）夷
蠻要服戎狄荒服甸服者祭（供日祭也）
侯服者祀（供月祀也）賓服者享（供時享也）要
服者貢（供歲貢也）荒服者王（詩云莫敢不來也）
曰祭月祀時享歲貢終王先王之
順祀（外傳公先王之訓也）有不祭則脩意（先脩
志意以責自也）有不享則脩文（文典法也）有不

志意以責自也有不享則修文文典法也有不
貢則修名名謂尊卑職貢之名號也有不王則
修德遠人不服則修文德以來之也序成不而有
不至則修刑序成謂上五者次序已成有不至則有刑
誅也於是有刑不祭伐不祀征不享
讓不貢告不王於是有刑罰之辟
有攻伐之兵有征討之備有威讓
之命有文告之辭布命陳辭而有
不至則增脩於德無勤民於遠是

不至則增脩於德無勤民於遠是以近無不聽遠無不服今大戎氏以其職來王天子曰予必以不享征之且觀之兵其無乃廢先王之

【第十紙】

訓而王幾頓乎王遂征之得四白狼四白鹿以歸自是荒服者不至諸侯有不睦者厲王即位好利近榮夷公芮良夫諫曰王室其將卑乎夫榮公好專利而不知大難夫

乎夫榮公好專利而不知大難夫
利百物之所生也天地之所載也
而有專之其害多矣天地百物皆
將取焉何可專也所怒甚多而不
備大難以是教王〻其能久乎夫
王人者將道利而布之上下者也
使神人百物無不得極（極中也）猶曰
怵惕懼怨之來今王學專利其可
乎匹夫專利謂之盜王而行之其

乎返夫專利謂之盜王而行之其
歸鮮矣榮公有用周必敗王不聽
卒以榮公為卿士用事王行暴虐
侈傲國人謗王召公諫（名穆公也）曰民
不堪命矣王怒得衛巫（衛國之巫）使監
謗者以告則殺之其謗鮮矣諸侯
不朝王益嚴國莫敢言道路以目
（以目相眄而已）王喜告召公曰吾能弭謗
矣乃不敢言召公曰是鄣之也防

【第十一紙】

矣乃不敢言召公曰是鄣之也防
民之口甚於防水壅而潰傷人必
多民亦如之是故為水者決之使
導為民者宣之使言故民之有口
猶土之有山川也財用於是乎生
口之宣言也善敗於是乎興夫民
慮之心而宣之口成而行之若壅
其口其與能幾何王不聽於是國
莫敢出言三年乃相與叛襲王王

莫敢出言三年乃相與叛襲王王出奔于彘宣王即位循政法文武成康遺風諸侯復宗周幽王嬖愛褒姒欲廢后并去太子用褒姒為后以其子伯服為太子褒姒不好笑幽王欲其笑万方欲不笑幽王為舉燧火諸侯悉至至而無寇褒似乃大笑幽王欲悅之數為舉燧火其後不信益不至王之廢后去

火其後不信益不至王之癈后去
太子也申侯怒乃與繒西夷犬戎
共攻王〻舉烽火徵兵〻莫至遂
殺幽王驪山下
秦繆公與晉惠公合戰為晉軍所
圍扵是岐下食善馬者三百人馳
【第十二紙】
冒晉軍解圍遂脫繆公而反生得
晉君初繆公亡善馬岐下野人共
得而食之者三百餘人吏遂得欲

得而食之者三百餘人吏遂得欲法之繆公曰君子不以畜産害人吾聞食善馬肉不飲酒傷人乃皆賜酒而赦之三百人者聞秦擊晉皆求從〻而見繆公窘亦皆推鋒爭死以報食馬之德於是繆公虜晉君以歸戎王使由余於秦繆公示以宮室積聚由余曰使鬼爲之則神勞矣使人爲之亦苦民矣繆

則神勞矣使人為之亦苦民矣繆
公恠之問曰中國以詩書礼樂法
度為政然尚時亂今戎夷無此何
以為治不亦難乎由余笑曰乃中
國所以亂也夫自上聖黃帝作為
礼樂法度身以先之僅以小治及
其後世日以驕淫阻法度之威以
責督於下〻疲極則以仁義怨望
於上〻下交怨而相簒弑至於滅

【第十三紙】

於上〻下交惡而相簒弑至於滅
宗皆以此類也夫戎夷不然上合
淳德以遇其下〻忠信以事其上
一國之政猶一身之治不知所以
治此真聖人之治也於是繆公退
而問內史廖曰孫聞鄰國有聖人
敵國之憂也今由余寡人之害將
奈何廖曰戎王處僻遠未聞中國
之聲君試遺其女樂以奪其志為

之聲君試遺其女樂以奪其志爲由余請以疏其間君臣有間乃可虜也繆公曰善因以女樂二八遺戎〻王〻受而悦之扵是秦乃歸由〻余〻數諫不聽遂去降秦繆公以客礼〻之用由余謀伐戎王益國十二開地千里遂霸西戎

秦始皇帝莊襄王子也名政廿六年初并天下自號曰皇帝事皆決

【第十四紙】

年初并天下自號曰皇帝事皆決於法刻削無仁恩收天下兵聚之咸陽銷以為鍾鐻金人十二置廷宮中每破諸侯寫放其宮室作之咸陽北阪上（在長安西北別名渭城）南臨渭自雍門（在高陵縣）以東至涇渭殿屋複道周閣相屬所得諸侯美人鍾鼓以充入之　卅二年燕人盧生奏錄圖書曰亡秦者胡也（胡〻亥秦二世名也）

【第十四紙】

録圖書曰亡秦者胡也胡〻亥秦二世名也秦見圖書不知此為人名反備北胡始皇乃使將軍
蒙恬發兵卅萬人北擊胡卅四年
始皇置酒咸陽宮僕射周青臣曰
他時秦地時不過千里賴陛下神
靈明聖平定海内日月所照莫不
賓服以諸侯為郡縣人人自安樂
無戰爭之患傳之万世自上古不
及陛下威德始皇悦博士齊人淳

及陛下威德始皇悦博士齊人淳于越進曰臣聞殷周王千餘歳封子弟功臣自為枝輔今陛下有海内而子弟為匹夫卒有田常六卿之臣無輔弼何以相救哉事而不師古能長久者非所聞也今青臣又面諛以重陛下之過非忠臣也始皇下其議丞相斯曰五帝不相復三代不相襲各以治非其相反時

三代不相襲各以治非其相反時
變異也今陛下創大業建万世之
功固非愚儒所知也且越言乃三
代之事何足法也今諸生不師今
而學古以非當世惑亂黔首聞令
【第十五紙】
下則各以其學議之入則心非出
則巷議率群下以造謗如此弗禁
則至勢降於上黨與成乎下禁之
便臣請史官非秦記皆燒之天下

便臣請史官非秦記皆燒之天下
敢有藏詩書百家語者悉詣守尉
雜燒之有敢偶語詩書弃市禁臣聚語
畏其誹也以古非今者族吏見知不舉
與同罪令下卅日不燒黥為城旦
若欲有學法令以吏為師　卅五
年作前殿阿房東西五百步南北
五十丈上可以坐萬人下可以建
五丈旗周馳為閣道自殿下直抵

五丈旗周馳為閣道自殿下直抵南山表南山之顛以為閣為復道自阿房渡渭屬之咸陽以象天極閣道絶漢抵營室也隱宮徒刑者七十餘万人分作阿房宮或作驪山發北山石槨乃寫蜀荊地材皆至閣中計宮三百關外四百餘於是立石東海上以為秦東門因徙三百家驪邑五萬家雲陽皆復不

【第十六紙】

三百家驪邑五萬家雲陽皆復不
事十歳廬生始皇曰臣等求芝奇
藥仙者常弗遇類物有害之者人
主所居而人臣知之則害於神願
上所居〔害〕無令人知然後不死之藥
殆可得也於是始皇乃令咸陽之
旁二百里内宮觀二百七十復道
道相連帷帳鍾鼓美人充之案署
不移徙行所幸有言其處者罪

不移徙行所幸有言其處者罪死自是後莫知行所在侯生盧生相與謀曰始皇為人天性剛戾以為自古莫及己專任獄〻吏〻得親幸博士雖七十人將備員弗用樂以刑殺為威天下畏罪持祿莫敢盡忠上不聞過而日驕下懾伏謾欺以聚容天下之事無小大皆決於上貪於權勢至如此未可為

【第十七紙】

決於上貪於權勢至如此未可為求仙藥於是乃亡去始皇聞亡乃大怒曰盧生吾尊賜之甚厚今乃誹謗我也諸生在咸陽者或為訞言以亂黔首於是使御史悉案問諸生諸生傳相告引犯禁者四百六十餘人皆阬之咸陽使天下知之以懲後長子扶蘇諫始皇怒使扶蘇北監蒙恬於上郡 卅六

使扶蘇北監蒙恬於上郡　卅六
年熒惑守心有墜星下東郡至地
為石黔首或刻其石曰始皇帝死
而地分始皇聞之遣御史逐問莫
服盡取石旁舍誅之　卅七年始
皇出遊丞相斯少子胡亥從至平
原津而病益甚乃為璽書賜公子
扶蘇曰與喪會咸陽而葬始皇崩
趙高乃與胡亥李斯陰謀更詐為

趙高乃與胡亥李斯陰謀更詐為始皇遺詔立子胡亥為太子賜扶蘇蒙恬死　二世皇帝元年趙高為郎中令（掌宮殿門戶）任用事二世與高謀曰先帝巡行郡縣以示強威服海内今晏然不巡行即見弱無以臣畜天下二世東行郡縣尊用趙高乃陰與高謀曰大臣不服官吏尚強及諸公子必與我爭為之

【第十八紙】

吏尚強及諸公子必與我争爲之柰何高曰臣固願言而未敢也先帝之大臣皆天下累世名貴人也積功勞世以相傳久矣今高素小賤陛下幸稱舉令在上位管中事大臣怏怏特以貌從臣其實心不服也今上出不因此時案郡縣守尉有罪者誅之上以振威天下下以阿除上生平所不可者今時不

以阿除上生平所不可者今時不師文而決於武力願陛下遂從時無疑即群臣不及謀矣明主收舉餘民賤者貴之貧者富之遠者近之則上下集而國安矣二世曰善乃行誅大臣及諸公子以罪過連逮無得立者而六公子戮死於社羣臣諫者以為誹謗大吏持祿取容黔首振恐戍卒陳勝等反山東

容黔首振恐戍卒陳勝等反山東
郡縣皆殺其守尉令丞反以應陳
涉不勝數也謁者使東方來以反
者聞二世怒下吏後使者至上問
對曰羣盜郡守方逐捕今盡得不
足憂上悅　三年章邯等圍鉅鹿
邯等數却二世使人讓邯〻使長
史欣請事趙高弗見人弗信欣恐
亡去欣見邯曰趙高用事於中軍

【第十九紙】

亡去欣見耶曰趙高用事於中軍
有功亦誅耶等遂以兵降諸侯趙
高欲為亂恐羣臣不聽乃先設驗
持鹿獻於二世曰馬也二世笑曰
丞相誤耶謂鹿為馬問左〻右〻
或言馬以阿順趙高或言鹿高因
陰中以法後羣臣畏高〻前數言
關東盜無能為及項羽虜將王離
等自關以東大互盡叛高恐二世

等自關以東大氐盡叛高恐二世怒誅及其身乃謝病不朝見二世夢白虎齧馬殺之心不樂恠問占夢卜涇水為祟二世乃齋望夷宮欲祠涇沈四白馬使々責讓高以盜賊事高懼乃陰與其聟智咸陽令閻樂其弟趙成謀使郎中令為內應詐為有大賊令樂召吏卒發追樂將吏卒千餘人至望夷宮前

追樂将吏卒千餘人至望夷宮前
即二世數曰足下驕恣殺無道天
下叛足〻下〻其自為計二世曰
丞相可得見不樂曰不可二世曰
吾願得一郡為王弗許又曰願為
萬户侯弗許曰願與妻子為黔首
比諸公子閻樂曰臣受命於丞相

【第二十紙】

為天子誅足〻下〻雖多言臣不
敢二世自殺趙高乃立二世之兄

敢二世自殺趙高乃立二世之兄子嬰為秦王令子嬰齋當廟見受王璽齋五日子嬰稱病不行高自往曰宗廟重事王奈何不行子嬰遂刺殺高於齋宮三族高家以徇咸陽子嬰為秦王卌六日沛公破秦軍至霸上子嬰奉天子璽符降軹道旁諸侯兵至項籍殺子嬰及秦諸公子宗族遂屠咸陽燒其宮

秦諸公子宗族遂屠咸陽燒其宮
室虜其子女收其珍寶貨財諸侯
共分之　太史公曰秦自穆公以
來稍蠶食諸侯竟成始〻皇〻自
以為功過五帝地廣三王而羞與
之侔足己不問遂過而不變二世
受之圖而不改暴虐以重禍子嬰孤
立無親危弱無輔三主惑而終身
不悟亡不亦宜乎當此時也世非

【第二十一紙】

不悟士不亦宜乎當此時也世非無ゝ深慮知化之士也然所以不敢盡忠拂過者秦俗多忌諱之禁忠言未卒於口而身爲戮没矣故使天下之士傾耳而聽重足而立拑口而不言是以三主失道忠臣不敢諫智士不敢謀天下已亂姦不上聞豈不哀哉先王知壅蔽之傷國也置公卿大夫士以飾法設

傷國也置公卿大夫士以飭法設刑而天下治其強也禁暴誅亂而天下服其弱也五伯征而諸侯從其削也内守附而社稷存故秦之盛也繁法嚴刑而天下振及其衰也百姓怨而海内叛矣故周得其道千餘歲不絶秦本末並失故不長久由此觀之安危之統相去遠矣野諺曰前事之不忘後事之師

【第二十二紙】

矣野諺曰前事之不忘後事之師是以君子爲國觀之上古驗之當世參以人事察盛衰之理審權勢之宜去就有序變化應時故曠日長久而社稷安矣秦孝公據殽函之固擁雍州之地君臣固守而窺周室有席卷天下包舉宇内囊括四海之意并呑八荒之心當是時商君佐之内立法度務耕織脩守

【第二十二紙】

商君佐之內立法度務耕織脩守戰之備外連衡而鬬諸侯於是秦人拱手而取西河之外惠王武王蒙故業因遺冊南兼漢中西舉巴蜀東割高腴之地收要害之郡諸侯恐懼會盟而弱秦不愛珍器重寶肥美之地以致天下之士合從締交締結也相與為一當是時齊有孟嘗趙有平原楚有春申魏有信

孟嘗趙有平原楚有春申魏有信
陵此四君者明智而忠信寬厚而
愛人尊賢而重士約從離衡并韓
魏燕趙宋衛中山之衆於是六國
之士有甯越徐尚蘇秦杜赫之屬
爲之謀陳軫樓緩蘇厲樂毅之徒
通其意吴起孫臏思忌廉頗之朋
制其兵嘗以十倍之地百万之衆
叩關而攻秦〻人開關延敵九國

【第二十三紙】

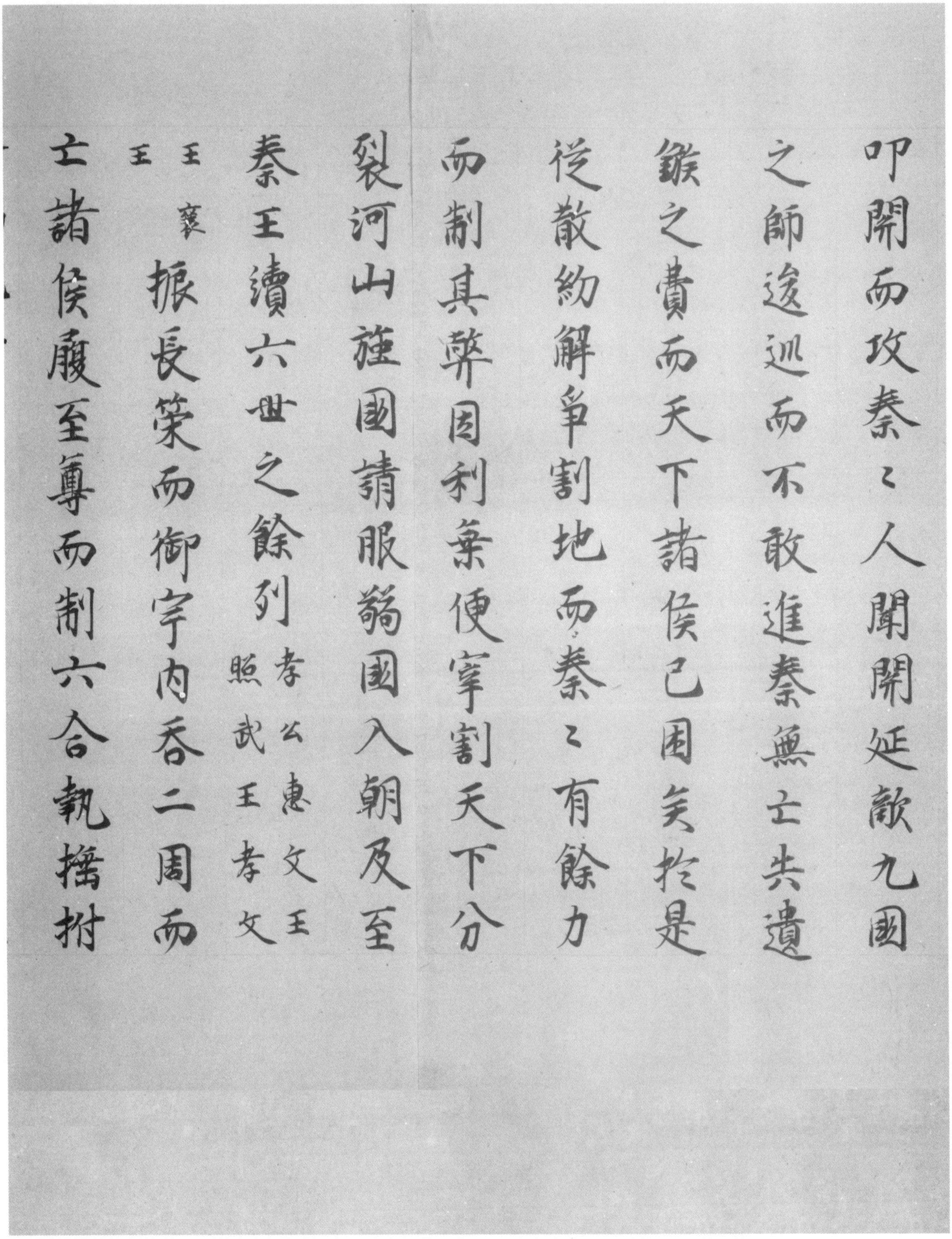
叩關而攻秦〻人開關延敵九國
之師逡巡而不敢進秦無亡矢遺
鏃之費而天下諸侯已困矣於是
從散約解爭割地而秦〻有餘力
而制其弊因利乘便宰割天下分
裂河山強國請服弱國入朝及至
秦王續六世之餘列孝公惠文王照武王孝文
王襄王振長策而御宇內吞二周而
亡諸侯履至尊而制六合執搉拊

亡諸侯履至尊而制六合執搖拊拊拍也一作搞扑以鞭笞天下威振四海南取百越之地北築長城胡人不敢南下而牧馬士不敢貫弓而報怨於是廢先王之道燓百家之言以愚百姓墮名城殺豪俊收天下之兵聚之咸陽銷鋒鑄鐻以為金人十二以弱黔首之民然後斬華為城斬華山為城也因河為津據億丈之

爲城（斷華山爲城也）因河爲津據億丈之
城臨不測之谿以固良將勁弩守
要害之處信臣精卒陳利兵而誰
何（猶何問也）秦王之心自以爲關中之
固金城千里子孫帝王萬世之業
也秦王既沒餘威振殊俗陳涉甕
牖繩樞之子（以繩繫戶樞以甕爲窓也）甿隷之
人（甿民）才能不及中人非有仲尼墨
翟之賢陶朱猗頓之富躡足行伍

翟之賢陶朱猗頓之富躡足行伍
之間出俛起什百之中首出十長百長中也
率疲散之卒將數百之衆斬木為
兵揭竿為旗天下雲集響應贏糧
而影從山兵揭竿為旗天東豪俊
遂並起而亡秦族矣且夫天下非
小弱也雍州之地郩函之固自若
陳涉之位非尊於齊楚韓魏之君
鉏櫌棘矜以鉏柄及棘作矛槿也櫌椎塊椎也非銛

鉏擾棘矜（以鉏柄及棘作矛槿也擾推塊推也）非銛長鐵矛戟（長刃矛也）適戍之衆非抗於九國之師深謀遠慮行軍用兵之道非及向時之士也然而成敗異變功業相反試使山東之國與陳涉度長絜大（絜束之絜）比權量力則不同年而語矣然秦以區區之地千乘之權招八州而朝同列百有餘年矣然後以六合為家殽函為宮

【第二十五紙】

年矣然後以六合為家郩函為宮
一夫作難而七廟墮身死人手為
天下笑者仁義不施而政守之勢
異也秦兼諸侯南面稱帝天下之
士斐然向風元元之民冀得安其
性命莫不虛心而仰上當此之時
守威定功安危之本在於此矣秦
王懷貪鄙之心行自奮之智不信
功臣不親士民廢王道立私權禁

功臣不親士民廢王道立私權禁
文書而酷刑法先詐力而後仁義
以暴虐為天下始孤獨而有之故
其主可立而待借使秦王討上世
之事並殷周之迹以制御其政後
雖有淫驕之主而未有傾危之患
也故三王之建天下名號顯美功
業長久今秦二世立天下莫不引領
而觀其政夫寒者利短褐小襦也而

而觀其政夫寒者利裋褐小襦也而
飢者甘糟糠天下之嗷嗷新主
之資也此言勞民之易為仁也向
使二世有庸主之行而任忠賢臣
主一心而憂海內之患縞素而正
先帝之過裂地分民以封功臣之
後建國立君以禮天下虛囹圄而
免刑戮除去收帑汙穢之罪使各
反其鄉里發倉廩散財幣以振

【第二十六紙】

及其鄉里發倉廩散財幣以推振孤獨窮困之士輕賦少事以佐百姓之急約法省刑以持其後使天下之人皆得自新更節脩行各慎其身塞萬民之望而以威德與天下天下集矣即四海之內皆讙然各自安其處唯恐有變雖有狡猾之民無離上之心則不軌之臣無以飾其智而暴亂之姦止矣二世

以師其智而暴亂之姦止矣二世不此術而重之以無道更始作阿房之宮繁刑嚴誅則斂無度天下多事百姓困窮然後姦偽並起而上下相遁蒙罪者衆而天下苦之自君卿以下至于衆庶人懷自危之心咸不安其位故易動也是以陳涉不用湯武之賢不藉公侯之尊奮臂於大澤而天下響應者其

尊奮臂於大澤而天下響應者其民危也故先王見終始之變知存亡之機是以牧民之道務在安之而已天下雖有逆行之臣必無響應之助矣故曰安民可與行義而危民易與為非此之謂也貴為天子富有天下身不免於殺者正傾非也是二世之過也釐公立同母弟夷仲年死其子曰公孫無知釐

【第二十七紙】

弟夷仲年死其子曰公孫無知釐
公愛之令其秩服奉養比太子
襄公立〻絀無知秩服無知怨殺
欺大臣羣弟恐禍及故次弟子糾
奔魯管仲召忽傅之小白奔莒鮑
叔傅之及雍林人殺無知高國先
陰召小白於莒魯亦發兵送子糾
而使管仲將兵遮莒道射中小白
帶鉤小白已立欲殺管仲鮑叔曰

帯鈎小白已立欲殺管仲鮑叔曰君将治齊則高傒與叔牙足矣君且欲霸王非管夷吾不可於是桓公厚礼以為大夫任政齊人皆悦於是始霸焉管仲病桓公問曰羣臣誰誰可相者管仲曰知臣莫如君公曰易牙何如對曰殺其子以適君非人情也不可公曰開方何如對曰背親以適君非人情也難

【第二十八紙】

如對曰背親以適君非人情也難
近衛公子開方也公曰豎刀何如對曰自
宮以適君非人情也難親管仲死
而桓公不用管仲言卒近用三子
三子專權易牙與豎刀因内寵殺
羣吏吏羣諸大夫也内寵内官之有權寵者而立公
子無詭為羣太子昭奔宋桓公病
五公子各樹黨爭立及桓公卒宮
中空莫敢棺桓公屍在床上六十

中宮莫敢棺桓公屍在床上六十七日屍虫出于户

周公旦者周武王弟也封於魯成王使其子伯禽代就封於魯周公戒伯禽曰我文王之子武王之弟成王之叔父我於天下亦不賤矣然我一沐三捉髮一飯三吐哺起待士猶恐失天下之〻魯慎無以國驕人武公與長子括少子戲朝宣

驕人武公與長子括少子戲朝宣
〻王〻愛戲欲立為魯太子仲山
文諫曰廢長立少不〻順〻必犯
〻王〻必誅之故出令不可不慎
也令之不行政之不立（令不行即政不立也）
令天子違諸侯立其少是教民逆
也若魯從之諸侯効王之命將有
所壅（言先王立長之令將壅塞不行也）若弗從而
誅之是自誅王命也（先王之命立長令魯亦立）

【第二十九紙】

誅之是自誅王命也先王之令立長今魯亦立
長者誅之是自誅王命也誅之亦失不誅亦失
誅之誅王命不誅則命廢也王其圖之弗聽卒
立戲爲太子是爲懿公括之子伯
御攻殺懿公宣王伐魯殺伯御自
是後諸侯多叛王命
燕昭王於破燕之後即位卑身厚
幣以招賢者謂郭隗曰齊因孤之
國亂而襲破燕孤極知燕小力少

國亂而襲破燕孤極知燕小力少不足報然得賢士與共國以雪先王之恥孤之願也先生視不者得身事之郭隗曰王必欲致士先從隗始賢於隗者豈遠千里哉於是昭王為隗改築宮而師事之樂毅自魏往鄒衍自齊往劇辛自趙往士爭趨燕〻王遂以樂毅為上將軍與秦三晉合謀以代齊〻兵敗

【第三十紙】

軍與秦三晉合謀以代齊〻兵敗
湣王出亡於外燕兵獨追北入至
臨菑盡取齊寶燒其宮室宗廟廣
齊城之不下者唯獨聊莒即墨其
餘皆屬燕昭王卒惠王為太子時
與樂毅大隙及即位疑毅使騎劫
代將樂毅亡走趙齊田單以即墨
擊敗燕軍騎劫死燕兵引歸齊悉
復得其故城

【第三十紙】

復得其故城
微子開者紂之庶兄也紂既立不
明淫亂於政微子數諫箕子者紂
親戚也紂為象箸箕子歎曰彼為
象箸必為玉々坏々則必思遠方
珍怪之物而御之矣輿馬宮室之
漸自此不可振也紂為淫逸箕子
諫不聽乃被髮詳狂王子比干見
箕子諫不聽乃直言諫紂々怒曰

箕子諫不聽乃直言諫紂〻怒曰
吾聞聖人之心有竅信有諸乎乃
遂殺王子比干刳視其心微子曰
人臣三諫不聽則其義可以去矣
於是遂行周公誅武庚乃命微子
代殷後奉其先祀曰宗
唐叔虞者周成王弟也成王與叔
戲削相葉為珪以與叔虞曰以此
封若史佚曰其請擇日立叔虞成

【第三十一紙】

封若史佚曰其請擇日立叔虞成王曰吾與之戲之戲耳史佚曰天子無戲言〻則史書之礼成之樂歌之於是遂封叔虞於唐烈侯好音謂相國公仲連曰寡人有愛可以貴之乎公仲曰富之可貴之則否烈侯曰然夫鄭哥者槍石二人吾賜之田人万畝公仲曰諾不與居一月烈侯從代來問哥

諾不與居一月烈侯從代來問哥者田公仲曰求未有可者有頃烈侯復問公仲終不與乃稱疾不朝番吾君常山有蒲五縣自代來謂公仲曰君實好善未知所持今公相趙於今四年亦有進士乎公仲曰未也番吾君曰牛畜葛欣徐越皆可公仲乃進三人乃朝烈侯復問哥者田何如公仲曰方使擇其者牛畜

田何如公仲曰方使擇其者牛畜侍烈侯以仁義約以王道明日荀欣侍以選練舉賢官任使能明日徐越侍以節財儉用察度功德所與无不充君悅烈侯使〻謂相國哥者之田且止官牛畜為師荀欣為仲尉徐越為内史賜相國衣二襲單複毋為褺也魏文侯受夏經藝客段干木過其閭未嘗不軾也秦嘗欲

【第三十二紙】

干木過其閭未嘗不軾也秦嘗欲伐魏或曰魏君賢人是禮國人稱仁上下和合未可圖也文侯由此得譽於諸侯文侯謂李克曰先生嘗教寡人曰家貧則思良妻國亂則思良相今所置非成則璜文侯謂弟名成也二子何如對曰君不察故也居視其所親富視其所與達視其所舉窮視其所不為貧視其所不

所舉窮視其所不為貧視其所不
取五者足以定之矣何待克哉文
侯曰寡人之相定矣李克曰魏成子
為相矣翟璜忿然作色曰以耳目
之所睹記臣何負於魏成子西河
之守臣之所進也君內以鄴為憂
臣進西門豹君謀欲伐中山臣進
樂羊中山已拔無使守之臣進先
生君之子無傅臣進屈侯鮒臣何

【第三十三紙】

生者之子無傳臣進屈侯鮒臣何
以負於魏成子李克曰且子之言
克於子之君者豈將皆同以求大
官哉且子安得與魏成子比魏成
子以食祿千鍾什九在外什一在
內是以東得子夏田子方段干木
此三人者君皆師之子所進五人
者君皆臣之子惡得與魏成子比
也翟璜逡巡再拜曰璜鄙人也對

也翟璜逡巡再拜曰璜鄙人也對
願卒為弟子矣
齊威王初即位九年之間諸侯並
伐國人不治於是威王召即墨大
夫而語之曰自子之居即墨也毀
日至然吾使人視即墨田野開民
人給官無留事東方以寧是子不
事吾左右以求譽也封之萬家召
阿大夫語之曰自子之守阿譽日

阿大夫語之曰自子之守阿譽日
聞然使〻視阿田野不闢民貧苦
昔日趙攻甄子弗能救衛取薩陵
而子弗知是子以弊厚吾左右以
求譽也是日也烹阿大夫及左右
嘗譽者皆并烹之遂起兵西擊趙
衛敗魏於濁澤於是齊國震懼人
〻不敢飾非務盡其誠齊國大治
諸侯聞之莫敢兵於齊廿四年與

【第三十四紙】

諸侯聞之莫敢兵於晉廿四年與魏王會田於郊魏王問曰王亦有寶乎威王曰無有梁王曰若寡人國小也尚有徑寸之珍照車前後各十二乘者一枚奈何以万乘之國而無寶乎威王曰寡人之所以為寶與王異吾臣有檀子者使〻守南城則楚人不敢為寇東取泗上十二諸侯皆來朝吾臣有盼子

上十二諸侯皆來朝吾臣有朌子者使守高唐則趙人不敢東漁於河吏有黔夫者使守徐州則燕人祭北門趙人祭西門齊之北門西門也言燕趙之人畏見使伐故祭以求福之也從而徙者七千餘家吾臣有種首者使備則道不拾遺將以照千里豈持十二乘哉梁惠王慙不懌而去

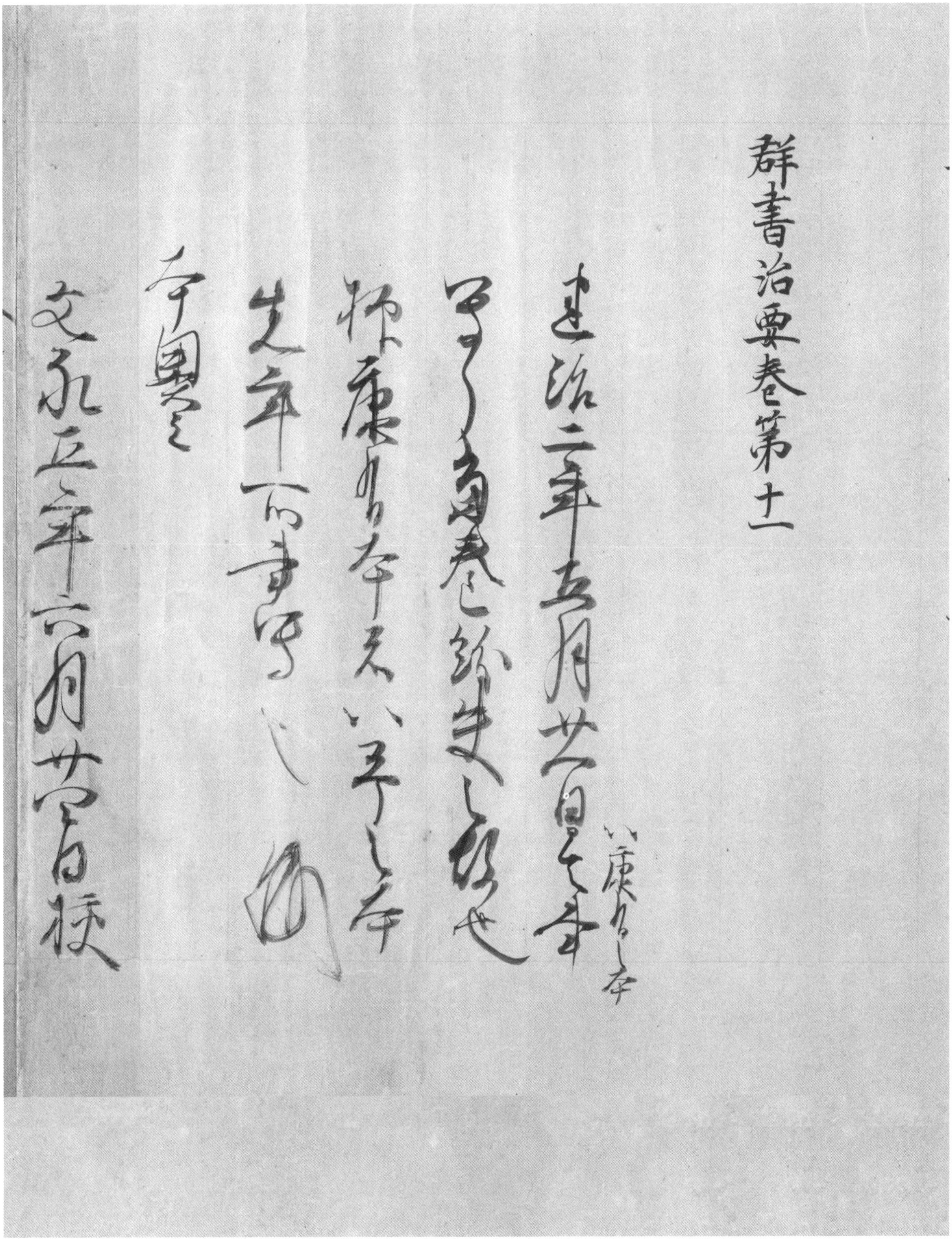

群書治要巻第十一

建治二年五月廿日以之本
以康有之本
写了爲當巻已紛失之故也
抑康有本者以予之本
先年下向書写之
本奥云
文永五年六月廿四日校

【第三十五紙】

717　716　715　714　713　712

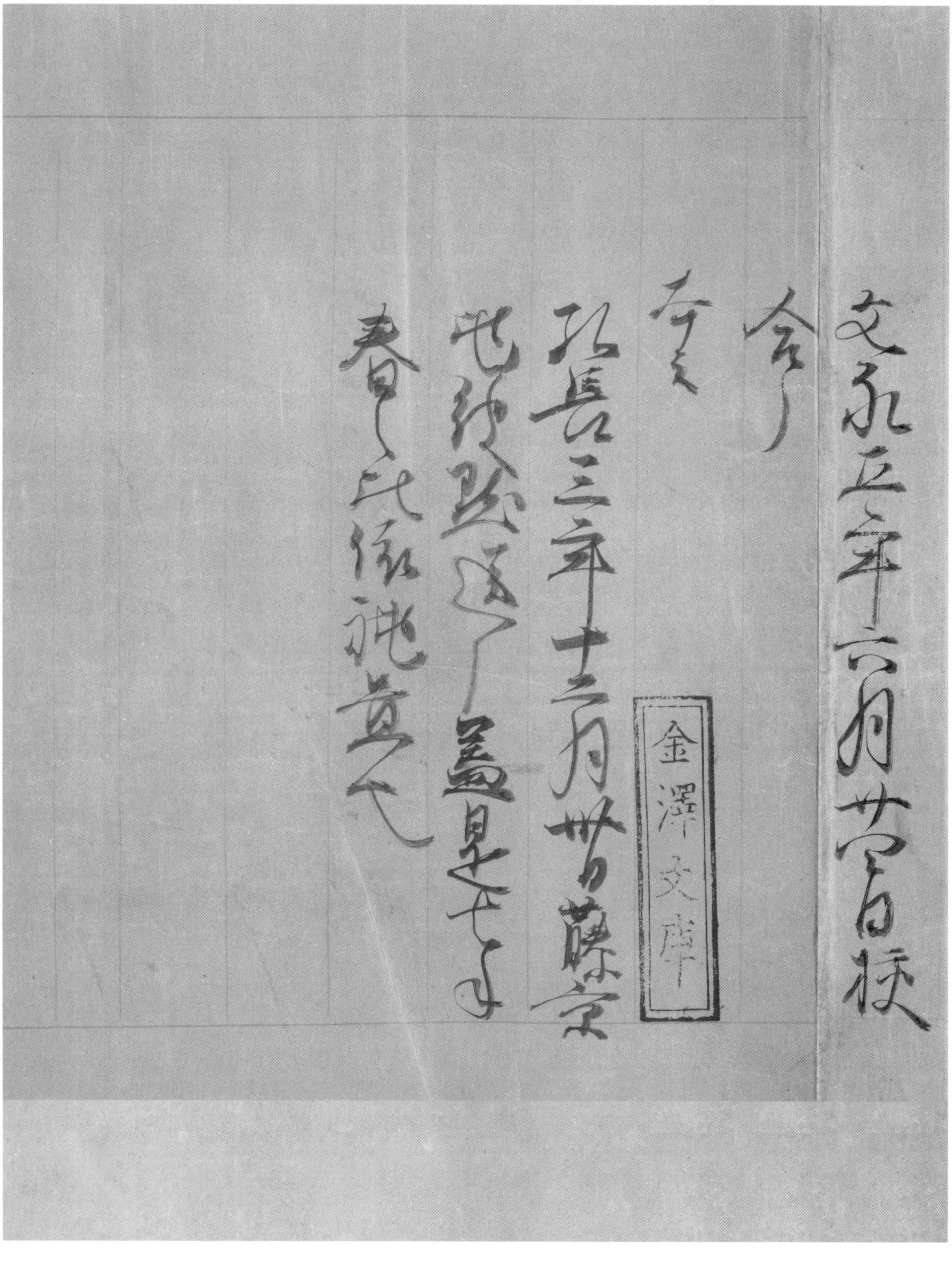

712 文永五年六月廿四日校
713 合了
714 本云
715 弘長三年十二月卅日藤學
716 [illegible]經範[illegible]了爲是[illegible]子
717 春[illegible]氏[illegible][illegible][illegible]之

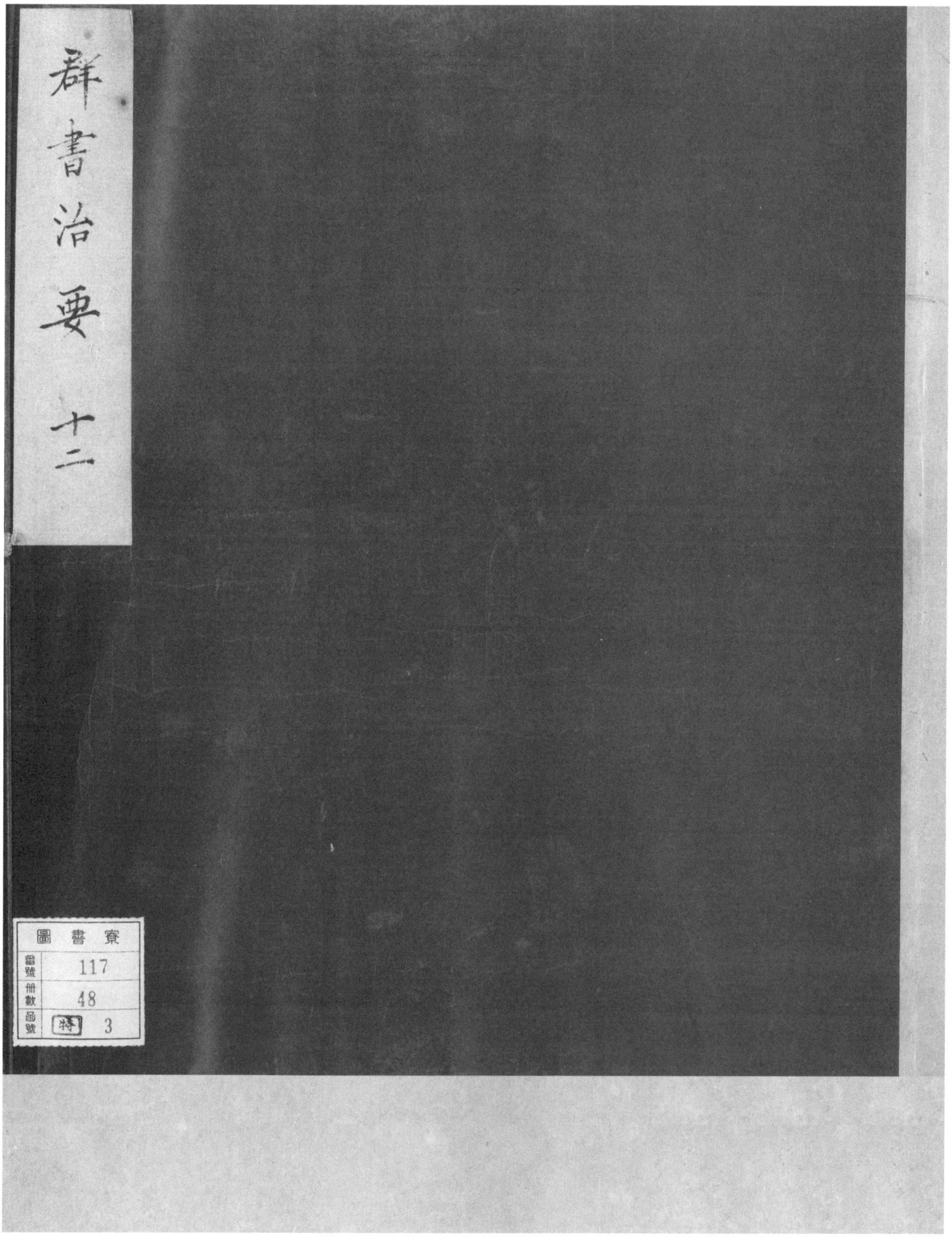
群書治要 十二
圖書寮
書號 117
冊數 48
函號 特 3

群書治要卷第十二　秘書監鉅鹿男臣魏徵等奉勑撰

史記下　呉越春秋

管仲夷吾者潁上人也少時常與
鮑叔牙遊鮑叔知其賢管仲貧困
常欺鮑叔鮑叔終善遇之已而鮑
叔事齊公子小白及小白立公子糾
死管仲囚焉鮑叔遂進管仲管仲
既用任政於齊桓公以霸九合諸侯

既用任政於齊桓公霸九合諸侯
壹匡天下管仲之謀也鮑叔既進
管仲已身下之子孫世祿於齊常
爲名大夫天下不多管仲之賢而多
鮑叔能知人也
晏平仲嬰者萊（萊之人也萊者今東萊地也）事齊靈
公莊公景公以節儉力行重於齊
其在朝君語及之則危言語不及
則危行國有道則順命無道則衡

則危行國有道則順命無道則衡
命以此三世顯名於諸侯太史公
曰吾讀晏子春秋詳哉其言之也
至其諫説犯君之顔此謂進思盡
忠退思補過者哉
韓非者韓之諸公子也作孤憤五
内外林説難十餘萬言人或傳其
書至秦秦王見之曰嗟乎寡人得
見此人與之游死不恨矣秦因急

見此人與之游死不恨矣秦因急
攻韓韓王乃遣非使秦秦王悅之
未信用李斯姚賈害之毀之曰韓
非韓之諸公子也今王欲并諸侯
非終為韓不為秦此人情也今王不
用久留而歸之此自遺患也不如
以過法誅之秦王以為然下吏治
非李斯使人遺非藥使早自殺韓
非欲自陳不得見王後悔使人殺

非欲自陳不得見王後悔使人殺
之非已死矣
司馬穰苴者田完之苗裔也齊景
公時晉伐阿甄而燕侵河上齊師
敗績景公患之晏嬰乃薦田穰苴
景公以爲將軍兵扞燕晉之師穰
苴曰臣素卑賤君擢之閭伍之中
加之大夫之上士卒未附百姓不
信願得君之寵臣国之所尊以監

【第三紙】

信願得君之寵臣国之所尊以監
軍乃可於是景公使莊賈往穰苴
既辭與莊賈約曰旦日日中會於
軍門穰苴先馳至表下漏待賈賈
素驕貴親戚左右送之留飲夕時
乃至穰苴曰何後期為賈謝曰大
夫親戚送之故留穰苴（曰将）受命之日
則忘其家臨軍約束則忘其親援
枹鼓之急則忘其身今敵深侵邦

枹鼓之急則忘其身今敵深侵邦
內騷動士卒暴露於境君不安席
百姓之命皆懸於君何謂相送乎
於是遂斬莊賈以徇三軍之士皆
振慄然後行士卒次舍井竈飲食
問疾醫藥身自拊循之悉取將軍
之資粮享士卒平分粮食最比其
羸弱者三日而後勒兵病者求行
爭奮赴戰晉師聞之為罷去燕師

争奮趍戰晉師聞之爲罷去燕師
聞之渡易水而解於是遂擊之遂
取所亡故境而歸立爲大司馬
孫武者齊人也以兵法見於吴王
闔廬曰子之十三篇吾盡觀之矣
可小誠〔試〕勒兵乎曰可闔廬曰可試

【第四紙】

以婦人乎曰可於是許之出宮美
人得百八人孫子分爲二隊以王
之寵姬二人各爲隊長令之曰汝

之寵姬二人各為隊長令之曰汝知而心與左右手背乎婦人曰知之孫子曰前則視心左則手右則視右手後則視背婦人曰諾乃設鈇鉞三令而五申之於是鼓之右婦人大笑孫子曰約束不明申令不熟將之罪也復三令而五申之人鼓之婦人復大笑孫子曰約束不明申令不熟將之罪也既已而

不明申令不熟將之罪也既已而
不如法者吏士之罪也乃欲斬左
右隊長吳王從臺上觀見且斬愛
姬駭趣使下令曰寡人已知將軍
能用兵矣寡人非此二人食不甘
味願勿斬也孫子曰臣已受命將
將在軍君命有所不受遂斬隊長
二人以徇用其次爲隊長於是鼓
之婦人左右前後跪起皆中規矩

【第五紙】

之婦人左右前後跪起皆中規矩
繩墨無敢出聲者於是孫子使〻
報曰兵已整唯王所欲用之雖赴
水火猶可也吳王曰將軍罷休就
舍寡人不願下孫子曰王徒好其
言不能用其實於是闔廬知孫子
能也卒以為將西破楚入郢北威
晉顯名諸侯
吳起者衛人也魏文侯以為將與

吴起者衛人也魏文侯以為將與
士卒最下者同衣食卧不設席行
不騎乗親裹粮與士卒分勞苦有
病疽者吴起為吮之卒母哭之人
曰母子卒也而將軍自吮其疽何
哭為母曰不然也往年吴公吮其
父其父戰不旋踵而遂死於敵今
又吮此子妾不知其所死處矣是
以哭之文侯既卒事武侯浮西河

【第六紙】

以哭（一云）之文侯既卒事武侯浮西河
而下中流顧而謂起曰美哉河山
之固此魏國之寶也起對曰在德
不在險昔三苗氏左洞庭而右彭
蠡德義不修而禹滅之夏桀之居（左文）
河濟右太華伊闕在其南羊賜（腸文）在
其北羊賜坂在大原脩政不仁而湯放之
殷紂之國左孟門右太行常山在
其北太行經其南脩政不德武王

【第六紙】

其北太行經其南循政不德武王
殺之由此觀之在德不在險若君
不脩德船中之人盡敵國也武侯
曰善
甘戊者下蔡人也秦武王以爲左
丞相謂戊曰寡人欲容車通三河
以窺周室而寡人死不朽矣戊曰
請之魏約以伐韓而令向壽輔行
戊謂向壽子歸言之於王曰魏聽

戊謂向壽子歸言之於王曰魏聽
臣矣然願王勿代也壽歸以告王
王迎戊於息壤戊至王問其故對
曰宜陽大縣也雖名曰縣其實郡
也今王倍數險行千里攻之難昔
曾參之處費魯人有與曾參同姓
名殺人人告其母曰曾參殺人其
母織自若也頃然一人又告其母
尚織自若也頃然一人又告之其

【第七紙】

尚織自若也頃然一人又告之其
母投杼下機踰牆而走夫以曾參
之賢與其母信之也三人疑之其
母懼焉今臣之賢不若曾參王之
信臣又不如曾參之母信曾參也
疑臣者非特三臣恐大王之投杼
也始張儀西并巴蜀之地北開西
河之外南取上庸天下不以多張
子而賢先王魏文侯令樂羊將而

子而賢先王魏文侯令樂羊將而
攻中山三年而㧞之樂羊反而論
功文侯示之謗書一篋樂羊再拜
稽首曰此非臣功主君之力也今
臣羈旅之臣樗里子公孫奭二人
者挾韓而議王必聽之王欺魏而
臣受公仲侈之怨也王曰寡人不
聽也請與子盟卒使戊將兵伐宜
陽五月而不㧞樗里子公孫奭果

陽五月而不拔樗里子公孫奭果爭之武王召戊欲罷兵戊曰息懷（壤 仁掌文）在彼王曰有之因大悉起兵使戊擊之遂拔宜陽韓襄王使公仲侈入謝

白起者郿人也善用兵事秦昭王昭王使白起為上將軍前後斬首虜卅五萬人趙人大震使蘇代厚幣說秦相應侯曰武安君所為秦

槩説秦相應侯曰武安君所爲秦
戰勝攻取者七十餘城南定鄢郢
【第八紙】
漢中北禽趙括之軍雖周邵呂望
之功不益於此矣今趙亡秦王〻
則武安君必爲三公君能爲之下
乎刑雖無欲爲之下固不得已矣
秦嘗攻韓圍刑丘困上黨之人皆
反爲趙天下不樂爲秦民之日久
矣今亡趙北地入燕東地入齊南

矣今亡趙北地入燕東地入齊南地入韓魏則君之所得民亡幾何人故不如因而割之無以為武安君功也於是應侯言秦王曰秦兵勞請許趙之割地以和且休士卒王聽之皆罷兵武安君由是與應侯有隙秦復發兵使王陵攻趙陵戰少利秦王欲使武安君代陵將武安君言曰秦雖破長平軍而秦

【第九紙】

武安君言曰秦雖破長平軍而秦
卒死者亦過半國内空遂遠絶河
山而爭人國都趙應其内諸侯攻
其外破秦軍必矣不可秦王彊起
武安君武安君遂稱病篤應侯請
之不起於是免為仕伍遷之陰密
（屬安定）
武安君病未能行秦王乃使
人遣白起不得留咸陽中武安君
既行出咸陽西門十里至杜郵秦

既行出咸陽西門十里至杜郵秦
昭王與應侯群臣議曰白起之遷
其意甚尚怏〻不服有餘言秦王
乃使〻者賜之劒自裁武安君遂
自殺秦人憐之鄉邑皆祭祀焉
樂毅聞燕昭王屈身下士先禮郭
隗以招賢者毅爲魏使燕委質爲
臣昭王以爲亞卿時齊湣王强自
矜百姓弗堪昭王於是使毅約趙

矜百姓弗堪昭王於是使毅約趙
楚魏以伐齊昭王悉起兵使毅為
上將軍并護趙楚韓魏燕之兵以
伐齊破之齊西諸侯兵罷歸而毅
獨追入臨淄盡取齊寶財物輸之
燕昭王大悅封樂毅於昌国齊七
十餘城皆為郡縣以屬燕唯獨莒
即墨未服會燕昭王卒惠王自為
太子時嘗不快於毅及即位齊之

【第十紙】

太子時嘗不快於毅及即位齊之田單聞之乃縱反間於燕曰齊城不下者兩城耳然所以不早下者聞樂毅與燕新王有隙欲連兵且留齊南面而王齊齊之所患唯恐他將之來惠王固已疑毅得齊間乃使騎劫代將而毅毅知惠王之弗善代之遂西降趙齊田單遂破騎劫盡復得齊城

騎劫盡復得齊城
廉頗者趙之良將也藺相如者趙
人也趙王與秦王會澠池秦王飲
酒酣曰寡人竊聞趙王好音請奏
瑟趙王鼓瑟秦御史前書曰某年
某月秦王與趙王會飲令趙王鼓
瑟相如前曰趙王竊聞秦王善爲
秦聲請奏盆缻以相樂秦王怒不
許於是相如前進缻因跪請秦王

許於是相如前進缻因跪請秦王
不肯擊缻相如曰五步之内相如
請得以頸血濺大王矣左右欲刃
相如相如長目叱之左右皆靡於
是秦王不懌爲壹擊缻相如顧召
趙御史書曰某日秦王爲趙王擊
缻秦之群臣曰請以趙十五城爲
秦王壽相如亦曰請以秦之咸陽
爲趙王壽秦王竟酒終不能加勝

【第十一紙】

爲趙王壽秦王竟酒終不能加勝
於趙既罷歸國以相如功大拜爲
上卿位在廉頗之右廉頗曰我爲趙
將有攻城野戰之功而藺相如徒
以口舌爲勞而位居我上且相如
素賤人吾羞不忍爲之下宣言曰
我見相如必辱之相如聞每朝常
稱病已而相如出望見廉頗引車
避匿於是舍人相與諫曰臣所以

避匿於是舍人相與諫曰臣所以去親戚而事君者徒慕君高之義也今君與廉君同列廉君宣惡言而君畏匿之恐懼殊甚且庸人尚羞之況於將相乎臣等不肖請辭去相如故止之曰公之視廉將軍孰與秦王曰不若也相如曰夫以秦王之威而相如廷叱之辱其群臣相如雖駑獨何畏廉將軍哉顧

【第十二紙】

臣相如雖駑獨何畏廉將軍哉顧吾念之彊秦之所以不敢加兵於趙者徒以吾兩人在也今兩虎鬪其勢不俱生吾所以爲此先公家之急而後私讎也頗聞之肉袒負荊因賓客至相如門謝罪曰鄙賤之人不知將軍寛之至此也卒相與歡爲別頸之友

趙奢者趙之田部吏也收租稅而平

趙奢者趙之田部吏也收税而平
原君家不肯出奢法治之殺平原
氏用事者人平原君怒將殺奢因
說曰於趙為貴公子今縱君家而
不奉則法削法削則國弱（國弱）則諸侯
加兵諸侯加兵是無趙也君安得
有此富号以君之貴奉公如法則
上下平上下平則國强國强趙固
而君為貴戚豈輕於天下邪平原

而君為貴戚豈輕於天下邪平原
以為賢言之王〻用之治國〻賦
大治民富而府庫實秦伐韓軍閼 閼丈
與王乃令奢將救之大破秦軍惠
文王賜奢爵號為馬服君孝成王
立秦與趙兵相距長平使廉頗將
固壁不戰秦之間言曰秦之所惡
獨畏趙奢之子趙括為將耳趙王
因以括為將代廉頗括自少時學

【第十三紙】

因以括為將代廉頗括自少時學兵法言兵事以天下莫能當嘗與其父奢言兵事奢不能難然不謂之善括母問其故奢曰兵死地也而括易言之使趙不將括則已若必將之破趙軍者必括也乃括將行其母上書曰括不可使將王曰何以對曰始妾事其父時為將身所奉飯而進食者以十數所友者

所奉飯而進食者以十數所友者
以百數大王及宗室所賞賜者盡
以與軍吏士大夫受命之日不問
家事今括一旦為将東向而朝軍
吏無敢仰視之者王所賜金帛歸藏
家而日視便利田宅可買者王以
為如其父〻子異心願王勿遣王
曰母置之吾已矣終遣之括既代
廉頗悉更約束易置軍吏秦将白

【第十四紙】

廉頗患更約束易置軍吏秦將白起聞之縱奇兵射敗栝數十萬之衆遂降秦〻悉坑之

李牧者趙之北邊良將也常居代鴈門備匈奴曰饗士習騎射謹烽火多間諜厚遇單于為約曰匈奴即入盜急入收保有敢捕虜者斬如是數歲亦不亡失然匈奴以李牧為怯雖趙邊兵亦以為吾將趙

牧爲怯雖趙邊兵亦以爲吾將趙
王讓牧如故趙王怒召之使他人
代將歲餘匈奴每來出戰〻數不
利失亡多邊不得田畜復請牧〻
固稱疾趙王乃復強起使將牧〻
曰王必用臣如前乃敢奉令王許
之牧至如故約匈奴數歲無所得
終以爲怯邊士日得賜而不用皆
願得一戰於是悉勒習戰大縱畜

願得一戰於是悉勒習戰大縱畜牧人民滿野匈奴小入詳北不勝以數千委之單于聞之大率衆来入牧多為奇陣張左右翼擊之大破殺匈奴十餘萬騎破東胡單于奔走匈奴不敢近趙邊

屈原者名平楚之同姓也為楚懷王左徒博聞彊志明於治乱閑於辭令入則與王圖議國事以出號

【第十五紙】

辭令入則與王圖議國事以出號
令出則接遇賓客應對諸侯王甚
任之上官大夫與之同列而心害
其能懷王使平造為憲令平屬草
藁未定上官大夫見而欲奪之平
不與因讒之曰王使屈平為令衆
莫弗知每一令出屈平伐其功以
為非我莫能為也王怒而疏平
疾王聽之不聰也讒諂之蔽明也

疾王聽之不聰也讒諂之蔽明也
邪曲之害公也方正之不容也故
憂愁幽思而作離騷卒既絀其後
秦大破楚師懷王入秦而不反平
雖放流睠顧楚國冀幸君之一悟
俗之一改也令尹子蘭卒使上官
大夫短原於頃襄王頃襄王怒而
遷之遷於江南遂自投汨羅以死汨水在羅
故曰汨羅原既死之後楚日以削竟為

故曰日羅原既死之後楚日以削竟為
秦所滅
豫讓者晉人也故嘗事范氏及中
行氏而無所知名去而事智伯智
伯甚尊寵之及智伯伐趙〻襄子
與韓魏合謀滅智伯三分其地襄
子漆智伯頭以為飲器豫讓遁逃
山中變名易姓為刑人入宮塗廁
欲以刺襄子襄子如廁心動執問

【第十六紙】

欲以刾襄子襄子如廁心動執問
塗廁之刑人豫讓内持刀兵曰欲
爲智伯報仇左右欲誅之襄子曰
彼義人也吾謹避之耳釋去之居
頃之豫讓又漆身爲厲呑炭爲啞
行乞於市其妻不識行見其友識
之曰以子之材委質而臣事襄子
襄子必近幸子近幸子乃爲所欲
顧不易耶何乃賊身苦形欲以求

顧不易邪何乃賊身苦形欲以求報襄子不亦難乎豫讓曰既已委質臣事人而殺之是懷二心以事君也且吾所為者極難耳然所以為此者將以愧天下後世之為人臣懷二心以事其君也頃之襄子當出豫讓伏於所當過之橋下襄子至橋馬驚曰此必是豫讓也使人問之果豫讓也於是趙襄子

【第十七紙】

使人問之果豫讓也於是趙襄子
數豫讓曰子不嘗事范中行氏乎
智伯盡滅之而子不為報讎及委
質臣於智伯智伯亦已死矣而子
獨何以為之報讎之深也豫讓曰
臣事范中行氏范中行氏皆衆人過
我々故衆人報之至於智伯國士
過我々國士報之
李斯者楚上蔡人也為丞相始皇

李斯者楚上蔡人也為丞相始皇出遊會稽斯及中車府令趙高皆從始皇有廿餘子長子扶蘇以數直諫使監兵上郡蒙恬為將少子胡亥從始皇帝至沙丘疾甚令趙高為書賜公子扶蘇曰以兵屬蒙恬與長會咸陽而葬書已封未授使者始皇崩於是斯高相與謀詐為受始皇詔立子胡亥為太子更

爲受始皇詔立子胡亥爲太子更
爲書賜扶蘇劍以自裁將軍恬賜
死咸陽發喪太子立爲二世皇帝
以趙高爲郎中令常侍中用事二
世燕居乃召高與謀謂高曰夫人
生世間也辟猶騁六驥過決隙也
吾既已臨天下矣欲悉耳目之所
好窮心志之所樂以安宗廟而樂
萬姓長有天下終吾年壽其道可

【第十八紙】

萬姓長有天下終吾年壽其道可
乎高曰此賢主之所能行而昏亂
主之所禁也臣請言之願陛下少
留意焉夫沙丘之謀諸公子至大
臣皆疑焉而諸公子盡帝兄大臣
又先帝之所置也今陛下初立此
其屬意怏々皆不服恐爲變且蒙
恬已死蒙毅將兵居外臣戰々慄
慄唯恐不終且陛下安得爲此樂

慄唯恐不終且陛下安得爲此樂乎二世曰爲之奈何趙高曰嚴法而刻刑令有罪者相坐誅至收族滅大臣而遠骨肉貧者富之賤者貴之盡除去先帝之故臣更置陛下之所親信者近之此則陰德歸陛下害除而姦謀塞群臣莫不被潤澤蒙厚德陛下則高枕肆志寵樂矣計莫出於此二世然高之言

樂矣計莫出於此二世然高之言
乃更為法律群臣諸公子有罪輒
下高令治之誅殺大臣蒙毅等公
子十二人戮死咸陽市十公主磔
死於杜相連坐者不可勝數公子
高奔恐收族乃上書曰先帝無恙
時臣入則賜食出則乘輿御府之
衣臣得賜之中廄之寶馬臣得賜
之臣請從死願葬驪山之足書上

【第十九紙】

之臣請從死願瘞驪山之足書上胡亥大悦召趙高而示之曰此可謂急乎高曰人臣當憂死不暇何變之得謀胡亥下書賜錢十万以葬法令誅罰日益刻深群臣人々自危欲叛者衆又作阿房之宮治直道馳道賦斂愈重戍傜無已於是楚戍卒陳勝吳廣等乃作亂斯數欲請問諫二世不許而二世責

數欲請問諫二世不許而二世責
問斯曰吾有私議而有所聞於韓
子也曰堯之有天下堂高三尺茅
茨不翦雖逢旅之宿不勤於此矣
粱糲之食藜藿之羹飯土甄啜土
鉶雖監門之養不觳於此矣禹鑿
龍門九河手足胼胝面目黎黑臣
虜之勞不列於此矣然則夫所貴
於有天下者豈苦欲苦形勞神身

【第二十紙】

於有天下者豈苦欲苦形勞神身處逆旅之宿口食監門之養手持臣虜之作哉此不肖人之所勉也非賢者之所務也夫所謂賢人者必將能安天下而治萬民也今身且弗能利將惡能治天下哉故吾願肆志廣欲長享天下而無害為之奈何斯子由為三川守群盜吳廣等西略地過去弗能禁李斯恐

廣等而略地過去弗能禁李斯恐懼不知所出乃阿二世意欲求容以書對曰夫賢主者必且能全道而行督責之術者督責之則臣不敢不竭能以徇其主矣臣主之分定上下之義明則天下賢不肖莫敢不盡竭任以徇其君矣是故主獨制於天下而無所制也能窮樂之極矣賢明之主也可不察耶

之極矣賢賜明之主也可不察耶
故申子曰有天下而不恣睢命之
曰以天下為桎者無他焉不能督
責而顧以其身勞於天下之民若
堯禹然故謂之桎也夫不能循申
韓之明術行督責之道專以天下
自適也而從務苦形勞神以身徇
百姓則是黔首之役非畜天下者
也何足貴哉夫以人徇己則己貴

【第二十一紙】

也何足貴哉夫以人徇己則己貴而人賤以己徇人則己賤而人貴故徇人者賤而所徇者貴自古及今未有不然者也凡古之所爲尊賢者爲其貴也而所爲惡不肖者爲其賤也夫堯禹以身徇天下者也可謂大謬矣謂之爲桎不亦宜乎不知督責之過也故韓子曰慈母有敗子而嚴家無格虜者何也

毋有敗子而嚴家無格虜者何也則能罰之加焉必也故商君之法刑弃灰於道者夫弃灰薄罪也而被刑重罰也彼唯明主爲能深督輕罪夫輕罪且督深而况有重罪乎故民弗敢犯也明主聖王之所以能久處尊位長執重勢而獨擅天下之利者非有異道也能獨斷而審督責必深罰故天下弗敢

【第二十二紙】

斷而審督責必深罰故天下弗敢犯也今不務所以不犯而事慈母之所以敗子也則亦不察於聖人之論矣凡賢主者必將能拂世磨俗而廢其所惡立其所欲故生則有尊重之勢死則有賢明之謚也是以明君獨斷故權不在臣也然後能滅仁義之塗掩馳說之口困烈士之行塞聰掩明内獨視聽故

烈士之行塞聡掩明内獨視聽故外不可傾以仁義烈士之行而内不可奪以諫説忿爭之辯故能犖然獨行恣睢之心而莫敢逆若此然後可謂能明申韓之術而脩商君之法、脩術明而天下亂者未之有也故督責之術設則所欲無不得矣群臣百姓救過不給何變之敢圖若此則帝道備而可謂能

之敢圖若此則帝道備而可謂能
明君臣之術矣雖申韓更生弗能
加也書奏二世悅於是行督責益
嚴稅民深者為明吏二世曰若此
則可謂能責矣刑者相半於道而
死人曰成積於市殺人衆者為忠
臣二世曰此可謂能督矣初趙高
為郎中令所殺及報私怨衆多恐
大臣入朝秦事毀惡之乃說二世

【第二十三紙】

大臣入朝奏事毀惡之乃說二世曰天子所以貴者但以聞聲群臣莫得見其面故号曰朕且陛下富於春秋未必盡通諸事今坐朝廷譴舉有不當者則見短於大臣非所以示神明於天下且陛下深拱禁中與臣及侍中習法者待事事来有以揆之如此則大臣不敢奏疑事天下稱聖主矣二世由其計

疑事天下稱聖主矣二世由其討
乃不坐庭見大臣於禁中趙高常
侍中由事々皆決於高々聞斯以
為言乃見丞相曰關東群盜多今
上急益發傜治阿房聚狗馬無用
之物臣欲諫為位賤此真君侯之
事君何不諫斯曰固也吾欲言之
久矣今時上居不坐朝廷上居深
吾所欲言者不可傳也欲見無間

吾所欲言者不可傳也欲見無間
高謂曰君誠能諫請為君候上間
語君於是趙高侍二世方宴樂婦
女居前使人告丞相上方間可奏
事丞相至宮門上謁如此者三二
世怒曰吾常多間日丞相不來吾
方宴私丞相輒來請事丞相豈少
我且故我哉趙高因曰此殆矣夫
沙丘之謀丞相與焉今陛下已立

【第二十四紙】

沙丘之謀丞相與焉今陛下已立為帝而丞相貴不益此其意亦望裂地而王矣且陛下問臣〻不敢言丞相長男由為三川守楚盜陳勝等皆丞相房縣之子以故楚盜公行過三川城守不肯擊高聞其文書相往来未得其審故未敢以聞且丞相居外權重於陛下二世以為然欲案丞相恐其不審乃使

以為然欲案丞相恐其不審乃使人安驗三川守與盜通然斯聞之因上書言高短曰臣聞之臣疑其君無不危國妾疑其夫無不危家今高有邪泆之志危反之行陛下不圖臣恐其為變也二世曰何哉夫高故宦人也然不為安疑人志危易潔行脩善自使至此以忠得進以信守位朕甚賢之而君疑之

【第二十五紙】

進以信守位朕甚賢之而君疑之
何也且朕少失先人無識不習治
而君又老恐與天下絶矣朕非屬
趙君當誰哉且趙君為人精廉施
力下知民情上能適朕君其勿疑
李斯曰不然夫高故賤人也無識
於理貪欲無饜食求利不止列勢
次主求欲無窮臣故曰殆二世乃
私告趙高、曰丞相所患者獨高

私告趙高、曰丞相所患者獨高高已死丞相欲為思常所為於是二世責斯與子謀反狀皆收捕宗族賓客高治斯榜掠千餘不勝痛自誣服斯所以死者自負有功實無反心上書自陳幸二世之寤高使吏弃去弗奏曰囚安得上書使其客十餘輩詐為御史謁者侍中更往覆訊斯、更以其實對輙使

更往覆許斯、更以其實對輒使
人復榜之後二世使人驗斯、以
爲如前終不敢更言辭服奏當上
二世喜曰微趙君幾爲丞相所賣
具斯五刑論腰斬咸陽市遂夷三
族李斯已死二世拜高爲中丞相
事無大小輒決於高、自知權重
乃獻鹿謂之馬二世問左右此乃
鹿也左右曰馬也世驚自以惑乃

【第二十六紙】

鹿也左右曰馬也世驚自以惑乃召太卜令卦之太卜曰陛下春秋郊祀奉宗廟鬼神齋戒不明故至于此可依盛德而明齋戒於是乃入上林齋戒日游弋獵有人二世自射殺之高乃諫二世天子無故賊殺不辜人此上帝之禁天且降殃當遠避宮以禳之二世乃望夷之宮留三日高劫令自殺也

之宮留三日高劫令自殺也
田叔者趙人也趙王張敖以為郎
中高祖過趙貫高等謀殺上發覺
詔捕趙王趙有敢隨王者罪族唯
孟舒田叔等自髡鉗隨王至長安
敖得出叔為漢中守文帝召叔問
曰公知天下長者乎叔曰故雲中
守孟舒長者上曰先帝置舒雲中
十餘年矣虜曾一入舒不能堅守

十餘年矣虜曽一入舒不能堅守無故士卒戰死者數百人長者固殺人乎叔曰是乃孟舒所以長者也漢與楚相拒士卒疲弊匈奴冒頓新服北夷来為邊害孟舒知士卒疲弊不忍出言士争臨城死敵如子為父弟為兄以故死者數百人孟舒豈故驅戰之哉是乃孟舒所以為長者也於是上曰賢哉孟舒

【第二十七紙】

以爲長者也於是上曰賢哉孟舒
復以爲雲中守景帝以田叔爲魯
相魯王好獵相常從入苑中王輒
休相就舘舍相出常暴坐待王苑
外王數使人謂相曰休終不休曰
我王暴露苑中我獨何爲就舍魯
王以故不大出遊

循吏傳

太史公曰法令所以道民也刑罰

552 太史公曰法令所以道民也刑罸
553 所以禁姧也文武不備良民懼然
554 身循者官未甞亂也奉職循理亦
555 可以爲治何必威嚴哉
556 公儀休者爲魯相奉法循理無所
557 變更百官自正使食祿者不得與
558 下民爭利受大者不得取小客有
559 遺相魚者不受也客曰聞君嗜魚
560 遺君魚何故不受也相曰以嗜魚

【第二十八紙】

遺君魚何故不受也相曰以嗜魚
故不受也今為相能自給魚今受
魚而免誰復給我魚者吾故不受
也食茹而美援其園葵而弃之見
其家織布好而疾出其家婦燔其
機云欲令農士工女安所集其貨
宁酷吏傳
孔子曰導之以政齊之以刑民免
而無恥導之以德齊之以禮有恥

而無恥導之以德齊之以禮有恥
且格老氏稱法令滋章盜賊多
有太史公曰信哉是言也法令者
法之具而非制治清濁之源也昔
天下之網嘗密矣然姦僞萌起其
極也上下相遁至於不振當是之
時吏治若救火揚沸非武健嚴酷
惡能勝其任而輸快乎言道德者
溺於職矣故曰聽訟吾猶人也必

溺於職矣故曰聽訟吾猶人也必也使無訟乎下士聞道大笑之非虛言也漢興破觚而爲圜觚方斲雕而爲朴網漏於吞舟之魚而吏治烝烝不至於姦黎民艾安由是觀之在彼不在此在道德不在嚴酷也

滑稽

優孟者楚優人也莊王之時有愛馬衣以文繡置之華屋之下席以

【第二十九紙】

馬衣以文繡置之華屋之下席以
露牀啗以棗脯爲病肥死使以
大夫禮葬之下令有諫者死優孟
入門大哭曰馬者王之所愛也楚
國堂〻之〔大〕何求不得而以大夫礼
葬之薄請以人君礼葬之以彫玉
爲棺文梓爲椁發卒穿壙老弱負
土廟食太牢奉以萬戶諸侯聞之
皆知大王賤人而貴馬王曰寡人

皆知大王賤人而貴馬王曰寡人
過一至此乎爲之柰何孟曰請爲
六畜葬之人腹腸於是王乃使以
屬大官無令天下久聞也楚相孫
叔敖死其子窮困負薪孟即爲敖
衣冠抵掌談語（抵掌談説之容則也）歳餘象
孫叔敖王大驚以爲叔敖復生也
欲以爲相孟曰楚相不足爲也如
孫叔敖之爲楚相盡忠爲廉以治

孫叔敖之為楚相盡忠為廉以治楚〻以得覇今死其子無立錐之地貧困負薪以自飲食楚相不足為也於是莊王謝優孟乃召孫叔敖子封之寢丘

優旃者秦倡朱儒也善為笑言然合大道秦始皇帝議欲大苑囿東至函谷關西至雍陳倉優旃曰善多縱禽獸於其中寇從東方來令

【第三十紙】

多縱禽獸於其中寇從東方來令
麋鹿觸之足矣始皇以故輟止二
世立又欲漆其城優旃曰善漆城
雖於百姓愁費然佳哉漆城蕩々
寇來不能上即欲就之易爲漆耳
顧難爲蔭室於是二世笑之以其
故止魏文侯時西門豹爲鄴令鄴
三老廷掾常歲賦斂百姓收取其
錢得數百万用二三十万爲河伯

錢得數百万用二三十万爲河伯
取婦與巫祝共分其餘錢人家有
好女者持女逃亡人又困貧俗曰
不爲河伯取婦水来漂没至河伯
取婦送女河上豹往會之曰是女
不好煩大巫入報更求好女後曰
送之即使吏卒共抱大巫嫗投之
河中有頃曰巫何久也弟子促之
復以弟子一人投河中有頃曰弟

【第三十一紙】

復以弟子一人投河中有頃曰弟
子何久也復使促之凡投三弟子
也豹曰巫嫗弟子女子也不能白 アウス
事煩三老為入白之復投三老豹
曰巫嫗三老不來奈何欲復使掾
促之皆叩頭破額血流罷歸去吏
民大驚恐從是已後不敢言為河
伯娶婦豹發民鑿十二渠引河水
灌田民煩苦不欲豹曰民可與樂

灌田民煩苦不欲豹曰民可與樂
成不可與慮始今雖患苦然期令
子孫思我至今皆得水利民人以
給足故豹為鄴令澤流後世無絕
已時子產治鄭民不能欺子賤治
單父人不忍欺西門豹治鄴人不
敢欺三子之才能誰最賢哉辯治
者當能別之魏文帝問群臣三不欺於君德孰優太尉
鍾繇司徒華歆司空王朗對曰臣以為君任德則臣感義而不忍欺

鍾繇司徒華歆司空王朗對曰臣
以爲君任德則臣感義而不忍欺
君任察則臣畏覺而不能欺君刑
則臣畏罪而不欺任德感義與吏
導德齊禮有恥且格等同歸者也
任察畏罪與吏道政齊刑免而無
恥同歸者也孔子曰爲政以德譬
如北辰居其所而衆星拱之斉以
斯言論以斯義臣等以爲不忍欺
不能優劣之懸在權衡非徒低仰（安）
之若乃銅銖之覺也且亦稱仁（〇一仁者）
智者利仁畏罪者強仁挾其仁者
功則無以殊技其爲仁則不得不
異安仁者性善者也利仁者力行
者也強仁者不得已者也三仁相
比則安者優矣易稱神而化使民
宜之若君化然也然則安仁之化
與吏強仁之化優劣亦不得不相

宜之君君仁然也然則安仁之仁
與彊仁之仁優劣亦不得不相
懸絕也然則三臣之不欺雖同門
所以不欺異則純以恩義崇不欺
與以威察成不欺既不得同槩
而比量又不得錯綜而易處

吳越春秋

吳王夫差聞孔子與子貢遊於吳

【第三十二紙】

出求觀其形變服而行爲或人所
識而傷其指夫差還發兵索於國
中欲誅或人子胥諫曰臣聞昔上
帝之少子下遊靑泠之淵化爲鯉

帝之少子下游青泠之淵化為鯉魚隨流而戲漁者豫且射而中之上訴天帝曰汝方游之時何衣而行少子曰我為鯉魚上帝曰汝乃白龍也而變為魚漁者射汝是其宜也又何怨焉今夫大王弃万乘之服而從匹夫之禮而為戮人所刑亦其宜也於是吴王默然不言吴王夫差興兵伐齊掘為深溝通

吴王夫差興兵伐齊掘爲漁溝通
於商魯之間北屬之沂西屬之濟
欲以會晉恐群臣之諫也乃令於
邦中曰寡人伐齊敢有諫者死太
子友乃風諫以激吴王之心以
清朝時懷丸挾彈從後園而來衣
沆履濡吴王怪而問之曰何爲如
此也友曰遊於後園聞秋蟬之鳴
往而觀之夫秋蟬登高樹飲清露

【第三十三紙】

往而觀之夫秋蟬登高樹飲清露
其鳴悲吟自以爲安不知蟷蜋超
枝緣條曳要舉刃纓其形也夫蟷
蜋翕心財進志在利蟬不知黃雀
徘徊枝葉欲啄之也夫黃雀但知
伺蟷蜋不知臣飛丸之集其背也
但臣知虛心念在黃雀不知穿塪
在於前掩忽陷墮渉於深井也王
曰天下之愚莫過於斯知貪前之

曰天下之愚莫過於斯知貪前之
利不睹其後之患也對曰天下之
愚非但直於是也復有甚者王曰
豈復有甚於是者乎對曰夫魯守
文抱德無欲於鄰國而齊伐之齊
徒知舉兵伐魯不知吳悉境內之
士盡府庫之財暴師千里而攻之
也吳越徒知踰境貪敵往伐齊不
知越王將王選其死士出三江之

知越王將選其死士出三江之
口入五湖之中屠滅國也臣竊觀
禍之端天下之危莫過於斯也王
唱然而歎默無所丶言遂往伐齊
不用太子之諫越王勾踐聞吳王
北伐乃師軍泝江以襲吳遂入國
焚其姑蘇之臺

群書治要卷第十二

【第三十四紙】

696

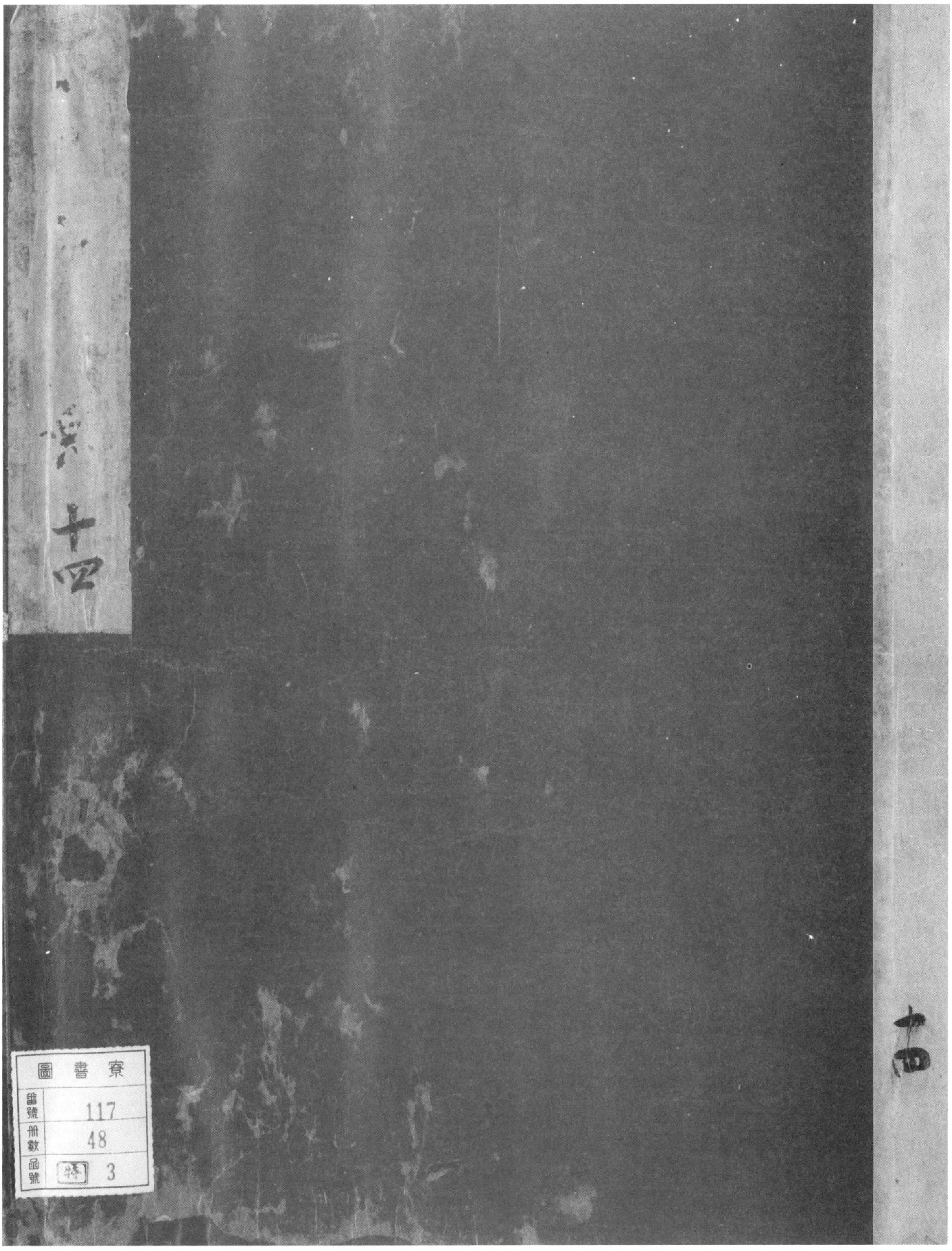
十四
圖書寮
117
48
特 3

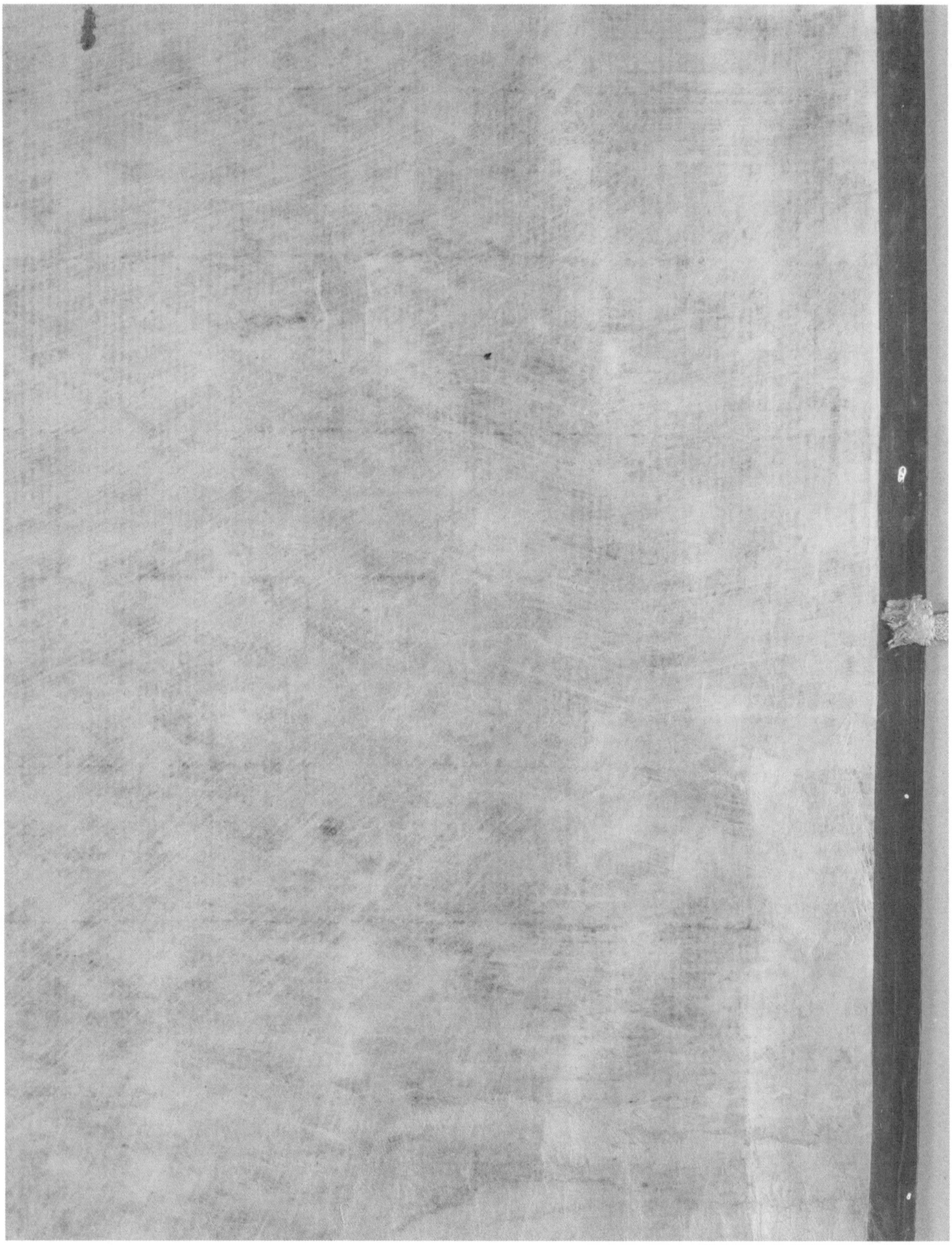

群書治要卷第十四　秘書監鉅鹿男臣魏徵等奉　勅撰

漢書二

六經之道同歸而禮樂之用爲急治身
者斯須忘禮則暴嫚入之矣爲國者一
朝失禮則荒乱及之矣人含天地陰陽
之氣有喜怒哀樂之情天稟其性而不
能節也聖人能爲之節而不能絶也故
象天地而制禮樂所以通神明立人倫

象天地而制禮樂所以通神明立人倫
正情性節萬事者也衆有哭踊之節樂
有歌儛之容正人足以副其誠邪人足
以防其失故婚姻之禮廢則夫婦之道
苦而淫僻之罪多鄉飲之禮廢則長幼
之序乱而爭鬭之獄繁祭祀之禮廢則
骨肉之恩薄而背死忘先者衆朝之禮
廢則君臣之位失而侵淩之漸起故孔
子曰安上治民莫善於禮移風易俗莫

【第二紙】

子曰安上治民莫善於禮移風易俗莫善於樂禮節民心樂和人聲政以刑之刑以防之禮樂政刑四達而不誖則王道備矣樂以治内而為同（同於和樂也）禮以脩外而為異（尊卑為異）同則和親異則畏敬和親則無畏敬則不爭揖讓而天下治者禮樂之謂也王者必因前王之禮順時宜有所損益即民心稍稍制作至太平而大備周監二代禮文尤具事為之

平而大備周監二代禮文尤具事爲之
制曲爲之防故稱禮經三百威儀三千
於是教化浹洽民用和睦災害不生禍
乱不作囹圄空虚卌餘年及其衰也諸
侯踰越法度悪禮制之害已去其篇籍
遭秦滅學遂以乱亡漢興撥乱反正日
不暇給猶命叔孫通制礼儀以正君臣
之位高祖悦而歎曰吾乃今日知爲天
子貴也遂定儀法未盡備而通終至文

子貴也遂定儀法未盡備而通終至文
帝時賈誼以為漢承秦之敗俗棄禮義
捐廉耻而大臣特以薄書不報期會為
故至於風俗流溢恬而不怪夫移風易
俗使天下回心而向道類非俗吏之所
能為也立君臣等上下使綱紀有序六
親和睦此非天之所為人之所設也人
【第三紙】
之所設不為不立不脩則壞乃草具其
儀天子悅焉而大臣絳灌之屬害之故

儀天子悅焉而大臣絳灌之屬害之故其儀遂寑至武帝即位議立明堂制禮服會竇太后不悅儒術其事又廢後董仲舒言王者承天意以從事故務德教而省刑罰今廢先王之德教獨用執法之吏治民而欲德化被四海故難成也是故古之王者莫不以教化為大務立大學以教於國設庠序以化於邑教化已明習俗已成天下甞無一人之獄矣

已明習俗已成天下甞無一人之獄矣至周末世大為無道秦繼其後又益甚之今漢繼秦之後雖欲治之無可奈何法出而姧生令下而詐起如以湯止沸愈甚而無益譬之琴瑟不調甚者必觧而更張之乃可皷也為政而不行甚者必變而更化之乃可理也故漢得天下以来常欲以善治而至今不能勝残去殺者失之當更化而不能更化也是特

殺者失之當更化而不能更化也是時上方征討四夷銳志武功不暇留意禮文之事至宣帝時琅耶王吉爲諫太夫人上踈言欲治之主不世公卿幸得遭遇其時未有建萬世之長策舉明主於三代之隆者也其務在於簿書斷獄聽訟而已此非太平之基也上不納其言至成帝時劉向說上宜興辟雍設庠序陳禮樂隆雅頌之聲盛揖讓之容以風

陳禮樂隆雅頌之聲盛揖讓之容以風
化天下如此而不治未之有也或曰不
能具禮〻以養人為本如有過差是過
而養人也刑罰之過或至死傷今之刑
非皐陶之法也而有司請定法削則削
筆則筆救時務也至於禮樂則曰不敢
是敢於殺人不敢於養人也夫教化之
比於刑〻法〻輕是舍所重而急所輕
也且教所恃以為治刑法所以助治也

也且教所恃以爲治刑法所以助治也
今廢所恃而獨立其助非所以致太平
也帝以向言下公卿議遂相大司空奏
請立辟雍營表未作遭成帝崩世祖受
命中興即位卅年四夷賓服政教清明
乃營立明堂辟雍明帝即位躬行其礼
威儀既盛美矣然悳化未流洽者以其

【第五紙】

礼樂未具羣司無所誦説而庠序尚未
設之故也夫人宵天地之貌 宵化也言稟天地氣

設之故也夫人宵天地之貌 宵化也言稟天地氣化而生也 懷五常之性 仁義礼智信也 聡明精粹 精細也粹淳也 有生之冣靈者也爪牙不足以供嗜欲趍走不足以避利害無毛羽以禦寒暑必将役物以爲養任智而不恃力此所以爲貴也故不仁愛則不能君不能羣則不〻勝〻物〻則養不足群而不足争心将作上聖卓然先行敬讓博愛之恵者衆心悦而従之成羣是爲君

愛之悳者衆心悅而從之成〔從之〕羣是爲君
矣歸而往之是爲王矣洪範曰天子作
民父母爲天下王聖人類以正名而
謂君爲父母明仁愛悳讓王道之本也
愛待敬而不敗德須威而久立故制禮
以崇敬作刑以明威也聖人既躬明悊
之性必通天地之心制禮作教立法設
刑動緣民情而則天象地故因天秩而
制五禮因天討而作五刑上刑用甲兵

【第六紙】

制五禮因天討而作五刑上刑用甲兵
其次用斧鉞中刑用刀鋸其次用鑽鑿
薄刑用鞭朴大者陳諸原野小者致諸
市朝其所由来者上矣自黄帝有涿鹿
之戰顓頊有共工之陣（共工主水官秉政作虐故顓頊伐之也）
唐虞之隆至治之極猶流共工放
讙兜殺三苗殛鯀然後天下服夏有甘
扈之誓殷周以兵定天下古人有言天
生五材民並用之廢一不可誰能去兵

生五材民並用之廢一不可誰能去兵鞭扑不可絶於家刑罰不可廢於國征伐不可偃於天下用之有本末行之有逆順耳孔子故曰工欲善其事必先利其器文德者帝王之利器威武者文德之輔助也夫文之所加者深則武之所服者大德之所施者博則威之所制者廣三代之盛至於刑措兵寢者以其本末有序帝王之極功也春秋之時王道

【第七紙】

未有亭帝王之極功也春秋之時王道
浸壞禮樂不興刑罰不中陵夷至於戰
國韓任申子秦用商鞅連相坐之法造
參夷之誅增加肉刑大辟有鑿顛抽脅
鑊亨之刑至於始皇兼吞戰國遂毀先
人之法滅禮義之官專任刑罰躬操文
墨而姦邪並生赭衣塞路囹圄成市天
下愁怨潰而叛之高祖初入關約法三
章蠲削煩苛兆民大悅其後四夷未附

章蠲削煩苛兆民大悅其後四夷未附兵革未息三章之法不足以禦姦於是相蕭何攈摭秦法取其宜於時者作律九章當孝惠高后時蕭曹爲相鎮以無爲是以衣食滋殖刑罰用希及孝文即位躬脩玄默勸趣農桑減省租賦將相皆功臣少文多質懲惡亡秦之政論議務在寬厚恥言人之過失化行天下告訐之俗易吏安其官民樂其業畜積歲

訐之俗易吏安其官民樂其業蓄積歲增戶口浸息風流篤厚禁罔疏闊選張釋之爲廷尉罪疑者與民是以刑罰大省至於斷獄四百有刑措之風即位十三年齊大倉令淳于公有罪當刑其少女緹縈上書曰妾父爲吏齊中皆稱其廉平今坐法當刑妾傷夫死者不可復生刑者不可復屬雖後欲改過自新其道無由也妾願沒入爲官婢以贖父刑罪

【第八紙】

無由也妾願沒入爲官婢以贖父刑罪使得自新書奏天子憐悲其意遂下令曰蓋聞有虞氏之時畫衣冠異章服以爲戮民不犯何治之至也今法有肉刑三（黥劓二左右止合一凡三也）而姦不止其咎安在非乃朕德之薄而教不明與吾甚自愧故夫訓道不純而愚民陷焉詩曰凱悌君子民之父母今人有過教未施而刑已加焉或欲改行爲善而道無由至朕甚

加焉或欲改行爲善而道無由至朕甚憐之夫刑至斷支體刻肌膚終身不息何其刑之痛而不悳也豈稱爲民父母之意哉其除肉刑有以易之善乎孫卿之論刑也曰世俗之爲說者以爲治古無肉刑有象刑是不然矣以爲治古則人莫觸罪邪豈獨无肉刑哉亦不待象刑矣以爲人或觸罪矣而直輕其刑是殺人者不死而傷人者不刑也罪至重

【第九紙】

殺人者不死而傷人者不刑也罪至重
而刑至輕民無所畏乱莫大焉凡制刑
之本将以禁暴悪且懲其末也殺人者
死傷人者不
不刑是恵暴而寛悪也故象刑非生於
治古方起於乱今也所以有象刑之言者近起今人悪刑
之重故遂推言古之聖君但以象刑天下自治也凡爵列官職
賞慶刑罰皆以類相従者也一物失稱
乱之端也悳不稱位能不稱官賞不當
功刑不當罪不祥莫大焉夫征暴誅悖

功刑不當罪不祥莫大焉夫征暴誅悖
治之威也殺人者死傷人者刑是百王
之所同未有知其所由来者也故治則
刑重乱則刑輕犯治之罪固重犯乱之
罪固輕也書云刑罰世重世輕此之謂
也書所謂象刑惟明者言象天道而作
刑安有菲屨赭衣者哉孫卿之言既然
又因俗說而論之曰禹承堯舜之後息
以悳衰而制肉刑湯武順而行之者以

以意衰而制肉刑湯武順而行之者以俗薄於唐虞故也今漢承衰周暴秦極弊之流俗已薄於三代而行堯舜之刑是猶以鞿羈而御駻馬（以繩繫馬頷曰鞿駻突之馬也）違救時之宜矣且除肉刑者本欲以全民也今去髡鉗一等轉而入於大辟以死罔民失本惠矣故死者歲以万數刑重之所致也至乎穿窬之盜忿怒傷人男女淫佚吏爲姦臧若此之惡髡鉗之

【第十紙】

男女淫佚吏爲姦臧若此之惡髡鉗之
罰又不足以懲也故刑者歲十万數巳
既不畏又曾不恥刑輕之所生也故俗
之能吏公以殺盜爲威專殺者勝任奉
法者不治乱名傷制不可勝條是以網
密而姦不塞刑繁而巳愈嫚必世而未仁
百年而不勝残誠以礼樂闕而刑不正
也豈宜惟思所以清原正本之論刪定
律令撰二百章以應大辟其餘罪次於

律令擬二百章以應大辟其餘罪次於古當生今觸死者皆可募行肉刑及傷人與盜吏受賕枉法男女淫亂皆復古刑爲三千章詆欺文致微細之法悉觸除如此則刑可畏而禁易避吏不專殺法無二門輕重當罪人命得全令刑罰之中戢天人之和順稽古之制成時巛邑之化成康刑措雖未可致孝文斷獄庶幾可及也洪範八政一日食二日貨

【第十一紙】

庶幾可及也洪範八政一曰食二曰貨
二者生民之本與自神農之世斲木為
耜揉木為耒耒〻耨之利以教天下日中
為市致天下之民聚天下之貨交易而
退各得其所而貨通食足然後國實民
富而教化成黄帝以下通其變使民不
勸殷周之盛詩書所述要在安民富而
教之也故易稱天地之大惪曰生聖人
之大寳曰位何以守位曰人何以聚人

之大寶曰位何以守位曰人何以聚人
曰財〻者帝王以聚人守位養成群生
治國安人之本也是以聖城民築城郭
以居之制井廛以均之開市肆以通之
設庠序以教之仕農工商四民有業聖
王量能援事四民陳力受職故朝無廢
官邑無廢民地无曠士孔子曰導千乘
之國敬事而信節用而愛人使民以時
故民皆勸功樂業先公而後私民三年

故民皆勸功樂業先公而後私民三年
耕則餘一年之畜衣食足而知榮辱廉
讓生而爭訟息餘三年食進業曰登再
登曰平三登泰平然後王德流洽礼樂
成焉又曰糴甚貴傷（民甚賤傷）農民傷則離散農
傷則國貧故甚貴與甚賤其傷一也善
爲國者使民毋傷而農益勸文帝即位
躬脩儉節思安百姓時民近戰國背本
趣末賈誼說上曰管子曰倉廩實知禮

【第十二紙】

趣末賈誼說上曰管子曰倉廩實知禮
節民不足而治者自古及今未之嘗聞
古之人曰一夫不耕或受之飢一女不
織或受之寒生之有時而用之無度則
物力必屈古之治天下至纖至悉也故
其蓄積足恃今背本而以末食者甚衆
是天下之大殘也淫侈之俗日〻長是
天下之大賊也殘賊公行莫之或止生
之者甚少而靡之者甚多天下財產何

之者甚少而靡之者甚多天下財産何
得不蹷哉世之有飢穰天之行也（天之行氣）
（不能常孰）禹湯被之矣即不幸有方二三千
里之旱國胡以相卹卒然邊境有急數
十万之衆國胡以餽之兵旱相乘天下
屈有勇力者聚徒而横擊並舉而争起
矣迺駭而圖之豈將有及乎夫積貯者
天下之大命也苟粟多而財有餘何爲
而不成以攻則取以守則固以戰則勝

【第十三紙】

而不成以攻則取以守則固以戰則勝
懷敵附遠何招而不至今敺民而歸之
農皆著於本使天下各食其力末技游
食之民轉而緣南畮則畜積足而人樂
其所矣可以爲富安天下而直爲此廪
〻也廪危也竊爲陛下惜之於是上感誼
言始開籍田躬耕以勸百姓晁錯復説
上曰聖王在上而民不凍飢者非能耕
而食之織而衣之也爲開其資財之道

而食之織而衣之也爲開其資財之道也故堯禹有九年之水湯有七年之旱而國無捐瘠者（捐謂民飢相捐也國　謂貧乏者為瘠也）以蓄積多而備先具也今海内爲一土地民人之衆不避湯禹加以无天災而蓄積之未及者何也地有貴利巳有餘力生穀之土未盡墾山澤之利未盡出游食之人未盡歸農也民貧則姦邪生貧生於不〻足〻生於不〻農〻則不地

生於不〻足〻生於不〻農〻則不地
着不地着則離鄉輕家民如鳥獸雖有
高城深地嚴法重刑猶不能禁也夫寒
之於衣不待輕煖飢之於食不待甘旨
飢寒至身不顧廉恥人情一日不再食
則飢終歲不製衣則寒夫腹飢不得食
膚寒不得衣雖慈母不能保其子君安
能以有民哉明主知其然也故務於農
桑薄賦斂廣畜積以實倉廩備水旱故

【第十四紙】

桑薄賦斂廣蓄積以實倉廩備水旱故
民可得而有也民者在上所以牧之趍
利如水走下四方无擇也夫珠玉金銀
飢不可食寒不可衣然而衆貴之者以
上用之故也其爲物輕微易藏在於把
握可以周海内而无飢寒之患此令民
易去其鄉盜賊有所勸亡外者得輕資
也粟米布帛生於地長於時聚於力非
可一日成也數石之重中人不勝不爲

可一日成也數石之重中人不勝不為姦邪所利一日弗得而飢寒至是故明君貴五穀而賤金玉今農夫春耕夏耘秋穫冬藏伐薪樵給傜役春不得避風塵夏不得避暑熱秋不得避陰雨冬不得避寒凍四時之間无日休息又私自送往迎來吊死問疾養孤長幼在其中勤苦如此尚復被水旱之災急政暴賦有者半賈而賣无者取倍稱之息(取一償二)

【第十五紙】

有者半賈而賣无者取倍稱之息取一償二為倍稱於是有賣田宅鬻子孫以償責者矣而商賈大者積貯倍息小者坐列販賣操其奇贏日游都市乘上之急所賣必倍故其男不耕耘女不蠶織衣必文采食必粱肉无農夫之苦而有千百之得因其富厚交通王侯力過吏勢以利相傾千里遊遨冠蓋相望此商人所以兼農〻人〻所以流亡者也今法律賤

農〻人〻所以流亡者也今法律賤
商〻人〻已富貴矣尊農〻夫〻已貧
賤矣故俗之所貴主之所賤也吏之所
卑法之所尊也上下相反好惡乖迕而
欲國富法立不可得也方今之務莫若
使民農而已矣欲民務農在於貴〻粟
〻之道在於使民以粟爲賞罰今募天
下入粟縣官得以拜爵得以除罪如此
富人有爵農民有錢粟有海矣夫能入

富人有爵農民有錢粟有海矣夫能入
粟以受爵皆有餘者也取於有餘以供
上用則貧民之賦可損所謂以有餘補
不足令出而民利者也順於民心所補
者三一曰主用足二曰民賦少三曰勸
農功爵者上之所擅出於口而无窮粟
者民之所種生於地而不乏夫得高爵
與免罪人之所甚欲也使天下入粟於
邊以受爵免罪不過三歲塞下粟必多

【第十六紙】

邊以受爵免罪不過三歲塞下粟必多
矣於是文帝從錯言令民入粟邊各以
多少級數為差至武帝之初七年間國
家無事都鄙廩庾盡滿而府庫餘財京
師之錢累百鉅萬貫朽而不可校（校數也）
太倉之粟陳〻相因充溢露積於外腐
敗不可食衆庶街巷有馬阡陌之間成
羣守閭閻者食粱肉為吏者長子孫居
官者以為姓號（倉氏庾氏是也）人〻自愛而重

官者以爲姓𨻗（倉氏庾氏是也）人人自愛而重
犯法先行誼而黜媿辱於是罔踈而
民富是後外事四夷內興功利役費並
興而民去本天下虛耗人民相食武帝
末年悔征伐之事迺封丞相爲富民侯
以趙過爲搜粟都尉教民治田力少而
得穀多至昭帝時流民稍還田野益闢
頗有蓄積宣帝即位用吏多選賢良百
姓安土歲數豐穰至石五錢農人少利

【第十七紙】

姓安土歲數豊穰至石五銭農人少利
時大司農中丞耿壽昌奏言糴三輔弘
農河東上黨太原郡穀足供京師可以
省關東漕卒過半天子從其計壽昌遂
白令邊郡皆以穀賤時增價而糴穀貴
時減價而糶名曰常平倉民便之上乃
賜壽昌爵關內侯至元帝時乃罷常平
倉哀帝即位百姓貲富雖不及文景然
天下戶口最盛平帝崩莽遂簒位因漢

天下戶口最盛平帝崩莽遂篡位曰漢
承平之業匈奴稱藩百蠻賓服舟車所
通盡為臣妾府庫百官之富天下晏然
莽一朝有之而其意未滿陋小漢家制
度以為疏闊宣帝始賜單于印璽與天
子同而西南夷鉤町稱王莽乃遣使易
單于印綬貶鉤町為侯二方始怨侵犯
邊境莽遂興師發卅萬衆欲同時十道
並出壹舉滅匈奴海內擾矣又動欲慕

並出壹擧滅匈奴海內擾矣又動欲慕古不度時宜分裂州郡改職作官下令更名天下田曰王田奴婢曰私屬皆不得賣買其男口不滿八而田過一井者分餘田與九族鄉黨犯令法至死制度又不定吏緣爲姦天下謷然陷刑者衆凡貨金錢布帛之用殷夏以前其詳靡記云太公爲周立九府圜法（圜即錢也）退又行之于齊至管仲相桓公通輕重之權

【第十八紙】

行之于齊至管仲相桓公通輕重之權曰歲有凶穰故穀有貴賤令有緩急故物有輕重（所緩則賤所急則貴）人君不理則畜賈游於市乘民之不給百倍其本矣計本量委則足矣然而民有飢餓者穀有所藏也民有餘則輕之故人君斂之以輕民不足則重之故人君散之以重（民輕之時為斂糴之重之時官為散之）凡輕重斂散之以時即準平故大賈畜家不得豪奪吾民矣秦

准平故大賈蓄家不得豪奪吾民矣秦兼天下幣爲二等黄金以溢爲名（廿兩爲溢）（秦以溢爲一金漢以一斤爲一金也）錢質如周錢文曰半兩漢興以爲秦錢重難用更令民鑄莢錢（如楡莢也）孝文爲錢益多而輕更錢四銖文爲半兩除盜鑄錢令賈誼諫曰夫事有召禍而法有起姦今令細民人操造幣之勢各隱屛而鑄作因欲禁其厚利微姦雖黥辠日報其勢不止（報論）爲法若

微姦雖黥皐日報其勢不止報論爲法若
此上何頼焉又民用錢郡縣不同法錢
不立吏急而壹之乎則大爲煩苛而力
不能勝縱而弗呵乎則市肆異用錢文
大乱苟非其術何向而可哉今農事弃
捐而采銅者繁姦錢日多五穀不爲多
民采銅鑄錢廢其農業故五穀不爲多善人怵而爲姦邪怵誘
動心於姦邪也愿民陥而之刑々戮々甚不詳
奈何而忽上不聽是時吳以諸侯即山

奈何而忽上不聽是時吳以諸侯即山
鑄錢富埒天子後卒判逆鄧通大夫也
以鑄錢財過王者故吳鄧錢布天下武
帝因文景之蓄忿胡越之害即倍數年
嚴助朱買臣等招來東甌事兩越江淮
之間蕭然煩費矣唐蒙司馬相如開西
南夷鑿山通道千餘里以廣巴蜀也蜀
之民疲焉彭吳穿穢貊朝鮮置滄海郡
則燕齊之間靡然發動及王恢設謀馬

則燕齊之間靡然發動及王恢設謀馬
邑匈奴絕和親侵擾北邊兵連而不解
天下苦其勞干戈日滋行者齎居者送
中外騷擾相奉財賂衰耗而不贍入物
者補官出貨者除辠選舉陵夷廉恥相
冒　昌
武力進用法嚴令具興利之臣自此
而始其後衛青歲以數萬騎出擊匈奴
遂取河南築朔方郡時又通西南夷道
作者數萬人千里負擔餽饟率十餘鍾

【第二十紙】

作者數萬人千里負擔餽饟率十餘鍾
致一石鍾六石四斗置倉海郡築衛朔方轉
漕甚遠自山東咸被其勞費數十百鉅
萬府庫並虛迺募民能入奴婢以終身
復爲郎增秩及入羊爲郎始於此〻後
衛青比歲將十餘萬衆擊胡斬捕首虜
之士受賜黄金廿餘萬斤而漢軍士馬
死者十餘万兵甲轉漕之費不與焉於
是經用賦稅既竭不足以奉戰士有司

是經用賦稅既竭不足以奉戰士有司
請令民得買爵及贖禁錮免賦辠大者
封侯卿大夫小者郎吏〻道雜而多端
官職秏廢驃騎仍再出擊胡大尅獲渾
邪王率數萬衆來降皆得厚賞衣食仰
縣〻官〻不給天子迺損膳觧乗輿駟
出御府禁藏以贍之貴以億計縣官大
空富商賈財或累萬金而不佐公家之
急於是天子與公卿議更錢造幣以贍

【第二十一紙】

急於是天子與公卿議更錢造幣以贍
用而摧淫并兼之徒於是以東郭咸陽
孔僅爲大司農丞領鹽鐵事而桑弘羊
貴幸侍中故三人言利事析秋豪矣法
既益嚴吏多廢免皆謫令伐棘上林作
昆明池其明年大將軍驃騎大出擊胡
賞賜五十萬〻金軍馬死者十餘萬匹
轉漕車甲之費不與焉是時財匱戰
士頗不得祿矣請賈人末作貰貸及商

士頗不得祿矣請賈人末作貰貸及高
以取利者雖无市籍各以其物自占率
緍錢二千而筭一軺車一筭商賈人車
二筭（商賈人有軺車使出二筭其重賦也）船五丈以上一
筭匿不自占占不悉戍邊一歲沒入緍
錢能告者以其半畀之是時豪富皆爭
匿財唯卜式數求入財以助縣官天子
迺越拜式爲中郎賜爵左庶長田十頃
布告天下以風百姓自造白金五銖錢

布告天下以風百姓自造白金五銖錢後五歲而赦吏民之坐盜鑄金錢死者數十万人其不發覺相殺者不計赦自出者百餘万人然不能半自出矣犯法者衆吏不能誅於是遣博士褚大徐偃等分行郡國舉并兼之徒而御史大夫張湯方貴用事減宣杜周等為中丞義縱尹齊王溫舒等用急刻為九卿直指夏蘭之屬始出而大農顏異誅矣自是

【第二十二紙】

夏蘭之屬始出而大農顔異誅矣自是後有腹非之法比而公卿大夫多諂諛取容天子既下緡錢令而尊下式百姓終莫分財佐縣官於是告緡錢縱矣楊可告緡徧天下中家以上大氐皆遇得民財物以億計奴婢以千萬數田大縣數百頃小縣百餘頃宅亦如之於是商賈中家以上大氐破民媮甘食好衣不事畜藏之業而縣官以鹽鐵緡錢之故用

蓄藏之業而縣官以鹽鐵緡錢之故用少饒矣是時越欲與漢用船逐（水戰相逐）乃大脩昆明池列館環之治樓船高十餘丈作栢梁臺高數十丈宮室之脩由此日麗明年天子始巡郡國公卿白議封禪事而郡國皆豫治道脩繕故宮儲設供具而望幸明年南越反西羌侵邊天子曰南方樓船士廿餘萬人擊越發三河以西騎擊羌又度河築令居初置張

【第二十三紙】

河以西騎撃羌又度河築令居初置張
掖酒泉郡而上郡朔方西河河西開田
官斥塞卒（塞上候斥卒也）六十萬人戍田之中
國道餽糧遠者二千餘里邊兵不足廼
發武庫工官兵器以贍之齊相卜式上
書願父子死南越天子下詔襃揚賜爵
關内侯黄金卌斤田十頃布告天下天
下莫應列侯以百數皆莫求從軍至飲
酎少府省金（省視諸侯金有輕重）而列侯坐酎金

酎少府省金（省視諸侯金有輕重）而列侯坐酎金
失侯者百餘人迺拜卜式爲御史大夫
式既在位見郡國多不便縣官作鹽鐵
器或彊令民買之而船有筭因孔僅言
筭事上不説然兵所過縣訾給毋乏而
已不敢言輕賦法矣元封元年卜式貶
爲太子太傅而桑弘羊爲治粟都尉領
大農迺請置大農部丞數十人分部主
郡國各往々置均輸鹽鐵官盡籠天下

郡國各往〻置均輸鹽鐵官盡籠天下
之貨名曰平准不復告緍民不益賦天
下用饒於是弘羊賜爵右庶長黃金者
再百焉是歲小旱上令官求雨卜式言
曰縣官當食租衣稅而已今弘羊令吏
坐市列販物求利亨弘羊天迴雨久之
拜弘羊爲御史大夫昭帝即位詔郡國
舉賢良文學士問以民所疾苦教化之
要皆對願罷鹽鐵酒榷均輸官毋與天

【第二十四紙】

要皆對願罷鹽鐵酒榷均輸官毋與天
下爭利亦以節儉然後教化可興迺罷
酒酤宣元成哀平五世亡所變改王莽
居攝變漢制更作金銀龜貝錢布之品
名曰寶貨凡寶貨五物六名廿八品百
姓憒乱六貨不行已私以五銖錢市買
莽患之下詔敢非井田挾五銖錢者為
惑衆投諸四裔以御魑魅於是商農失
業食貨俱廢民涕泣於市道坐賣田宅

業食貨俱廢民涕泣於市道坐賣田宅奴婢鑄錢抵辠者自公卿大夫至庶人不可勝數莽知民愁迺但行小錢直一與大錢五十二品並行龜貝布屬且寑莽性躁擾不能無為每有所興造必欲依古得經文義和買命士督五均六斡郡有數人皆用富賈乘傳求利交錯天下因與郡縣通姦多張空簿府藏不實百姓愈病莽每一斡為設科條防禁犯

【第二十五紙】

百姓愈病苦每一斛爲設科條防禁犯
者輩至死姦吏猾民並侵衆庶各不安
生每壹易錢民用破業而大陷刑苦以
私鑄錢死及非沮寶貨投四裔犯法者
多不可勝計乃更輕其法私錢作錢布
者與妻子沒入爲官奴婢吏及比伍知
而不舉告與同罪非沮寶貨民罰作一
歲吏免官犯者愈衆及五人相坐皆沒
入郡國檻車鐵瑣傳送長安鍾官愁苦

八郡國檻車鐵瑣傳送長安鍾官愁苦
死者十六七匈奴侵寇甚莽大募天下
因徒人奴名曰豬突豨勇（豬性觸突人故取以喻）
壹切稅吏民訾卅而取一又令公卿已
下至郡縣黃綬吏皆保養軍馬吏盡復
以與民〻搖手觸禁不得耕桑傜役煩
劇而枯旱蝗虫相因又用制作未定自
公侯下至小吏皆不得奉祿而私賦斂
貨賂上流獄訟不決吏用苛暴立威旁

貨賂上流，獄訟不決，吏用苛暴立威，旁
緣莽禁，侵刻小民。富者不得自保，貧者
無以自存，起為盜賊，依阻山澤，吏不能
禽而覆蔽之，浸淫日廣。於是青、徐、荊、楚
之地往往萬數，戰鬪死亡，緣邊四夷所
係虜，陥罪，飢疫，人相食。及莽未誅，而天
下戶口減半矣。自發豬突豨勇後四年，
而漢兵誅莽。
昔仲尼沒而微言絕（隱微不顯之言），七十子喪

【第二十六紙】

昔仲尼没而微言絶（隠微不顯之言）七十子喪
而大義乖戰國從横真偽分争諸子之
言紛然殽乱至秦患之乃燔滅文章以
愚黔首漢興改秦之敗大收篇籍開獻
書之路建藏書之策置冩之官書必同
文不知則闕問諸故老至於衰世是非
亡正人用其私古之學者耕且養三年
而通一藝存其大體玩経文而已是故
用日約少而蓄悳多世而五経立也後

用日約少而蓄悳多世而五経立也後世経傳既已乖離博學者又不思多聞闕疑之義而務碎義逃難便辭巧説破壊形體説五字之文至於二三万言後進弥以馳逐故幼童而守一藝白首而後能言以安其所習毀所不見終以自蔽此學者之患也

儒家者流蓋出於司徒之官助人君順陰陽明教化者也游文於六経之中留

陰陽明教化者也游文於六經之中留
意於仁義之際祖述堯舜憲章文武崇
師仲尼以重其言於道最高然惑者既
失精微而辟者又隨時抑揚違離道本
苟以譁衆取寵後進循之是以五經乖
析儒學寖衰此辟儒之患也

道家流者蓋出於史官歷紀成敗存亡

【第二十七紙】

禍福古今之道秉要執本清虚以自守
卑弱以自持此君人南面者之術也合

卑弱以自持此君人南面者之術也合
於堯之克讓易之謙〻而四益此其所
長也及放者爲之則欲絶去礼學兼弃
仁義曰獨任清虚可以爲治
陰陽家者流蓋出於羲和之官敬順昊
天歷象日月星辰敬授民時此其所長
也及拘者爲之則牽於禁忌泥於小數
舍人事而任鬼神
法家者流蓋出於理官信賞必罰以輔

法家者流蓋出於理官信賞必罰以輔
礼制此其所長也及刻者爲之則亡教
化去仁愛專任刑法而欲以致治至於
残害至親傷恩薄厚
名家者流蓋出於礼官古者名位不同
礼亦異數孔子曰必也正名乎此其所
長也及激者爲之則苟鉤鈲析辭而已
墨家者流蓋出於清廟之官茅屋採椽
是以貴儉三老五更是以兼愛選士大

【第二十八紙】

是以貴儉三老五更是以兼愛選士大
射是以上賢宗祀嚴父是以右鬼（右鬼謂信）
（鬼神親鬼而右之）順四時而行是以非命（言无吉凶
之命但有賢不肖善惡也）以孝示天下是以上同（言皆
同可以治）此其所長也及蔽者為之見儉之
利因以非禮樂推兼之意而不知別親
䟽
從横家者流蓋出行人之官孔子曰使
乎使乎言當權事制宜受命而不受辭

乎便乎言當權事制宜受命而不受辭
此其所長也及邪人爲之則上詐諼而
棄其信
雜家者流蓋出於議官兼儒墨合名法
知國體之有此見王治之無不貫此其
所長也及蕩者爲之則漫羨而無所歸
心
農家者流蓋出於農稷之官播百穀勸
耕桑以足衣食故孔子曰所重人食此

【第二十九紙】

耕桑以足衣食故孔子曰所重人食此
其所長也及鄙者爲之以爲無所事聖
王欲使君臣並耕誖上下之序

群書治要卷第十四

德治二年正月廿七日以右衛門權
佐光經本書写點挍訖

依光經本書寫點校訖

從五位上行越後守平朝臣貞顯

同二月八日重校合了

正五位下行越後守平朝臣貞顯

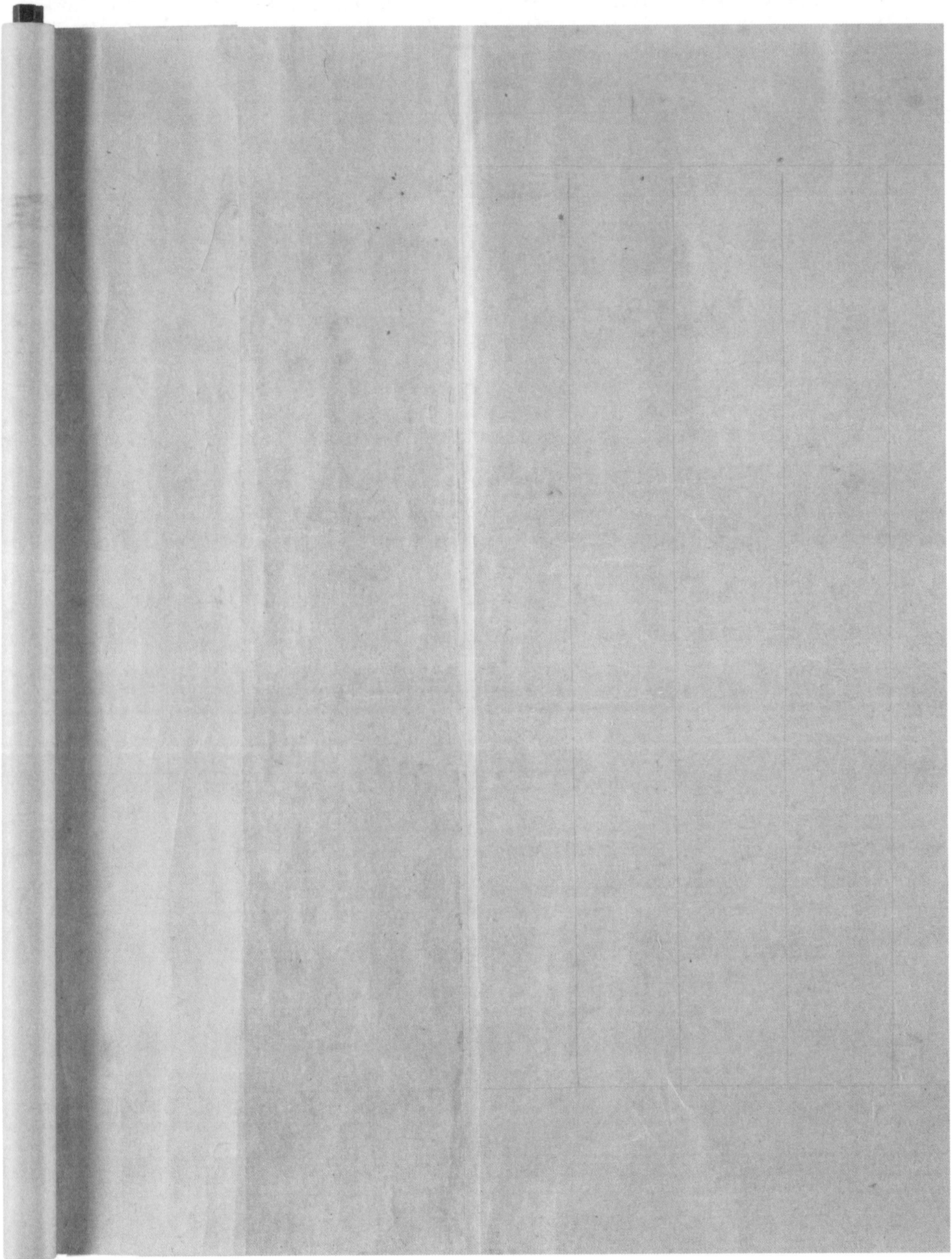

群書治要
十五
圖書寮
書號 117
冊數 48
函號 特 3

群書治要卷第十五　秘書監鉅鹿男魏徵等奉勅撰

漢書三

韓信淮陰人也家貧無行不得推
擇為吏常從人寄食從項羽為郎
中數以筴干項羽弗用亡楚歸漢
上未奇之也數與蕭何語何奇之
至南鄭諸將亡者十數人信度何
已數言上不我用即亡何聞信亡

已數言上不我用即亡何聞信亡
不及以聞自追之人有言上曰丞
相何亡上怒如失左右手居一二
日何來謁上且怒且喜罵何曰若
亡何也曰臣非敢亡追亡者耳上
曰所追誰曰韓信上復罵曰諸將
亡者以十數公無所追々信詐也
何曰諸將易得至如國士無雙王
必欲長王漢中無所事者能用信

【第二紙】

必欲長王漢中無所事者能用信
即留不能用信〻終亡耳王曰吾
以爲將何曰雖爲將信不留王曰
以爲大將何曰幸甚必欲拜之擇
日齋戒設壇場具禮乃可王許之
諸將皆喜人〻各以爲得大將至
拜乃韓信也一軍皆驚信已拜上
坐王曰丞相數言將軍〻〻何以
教寡人計策信因問王曰今東向

教寡人計策信因問王曰今東向爭天下豈非項王耶曰然大王自料勇仁疆孰與項王漢王曰弗如也信曰唯信亦以爲大王弗如也然臣嘗事項王請言項王爲人也項王意烏猝嗟千人皆癈（言羽一嗟千人皆發不收也）不能任屬賢將此特匹夫之勇也項王見人恭謹言語姁姁人有疾病涕泣分食飮至使人有

人有疾病涕泣分食飲至使人有
功當封爵刻印刓忍不能與此所
謂婦人之仁也又背義帝約而以
親愛王諸侯不平所過無不殘滅
多怨百姓〻〻不附特劫於威彊
服耳名雖爲霸實失天下心故曰
其彊易弱今大王誠能反其道任
天下武勇何不誅以天下城邑封
功臣何不服以義兵從思東歸之

【第三紙】

功臣何不服以義兵從思東歸之
士何不散且大王之入武關秋豪
無所害除秦苛法秦民無不欲得
大王今失職之蜀民無不恨者今
王舉而東三秦可傳檄而定也於
是漢王大喜自以爲得信晩漢王
以信爲左丞相擊魏信問酈生魏
得無用周叔爲大將乎曰伯直也
信曰豎子耳遂進擊魏虜豹定河

信曰豎子耳遂進擊魏虜豹定河
東使人請漢王願益兵三萬人臣
請以北舉燕趙東擊齊南絶楚之
糧道西與大王會於滎陽漢王與
兵三万人進破代禽夏説以兵數
万欲東下井陘擊趙〻王成安君
陳餘聚兵井陘口廣武君李左車
説成安君曰聞漢將韓信涉西河
虜魏王禽夏説議欲以下趙此乘

【第四紙】

虜魏王禽夏説議欲以下趙此乘
勝而去國遠鬪其鋒不可當臣聞
千里餽糧士有飢色樵蘇後爨樵取
薪也蘇取草也師不宿飽今井陘之道車
不得方軌騎不得成列數百里其
勢糧食必在後願足下假臣奇兵
三萬人從間路絶其輜重足下深
溝高壘勿與戰彼前不得鬪退不
得還不至十日兩將之頭可致麾

得還不至十日兩將之頭可致麾
下成安君不聽信知其不用大喜
乃引兵遂下井陘口斬成安君泜
水禽趙王歇乃令軍毋斬廣武君
頃之有縛而至麾下者於是問廣
武君僕欲北攻燕東伐齊何若有
功廣武君辭曰臣聞亡國之大
夫不可以圖存敗軍之將不可以
語勇若臣者何足以權大事乎信

語勇若臣者何足以權大事乎信
曰僕聞之百里奚居虞而虞亡之
秦而秦伯非愚於虞而智於秦也
用與不用聽與不聽耳使成安君
聽子計僕亦禽矣僕委心歸計願
子勿辭廣武君曰臣聞智者千慮
必有一失愚者千慮亦有一得故
曰狂夫之言聖人擇焉願恐臣計
未足用願效愚忠故成安君有百

未足用願效愚忠故成安君有百
戰百勝之計一日而失之軍敗鄗
下今高邑是也身死泜水上今足下虜

【第五紙】

魏王禽夏說不旬朝破趙廿萬衆
誅成安君名聞海內威震諸侯衆
庶莫不傾耳以待命者然而衆勞
卒疲其實難用也今足下舉勌弊
之兵頓之燕堅城之下情見力屈
欲戰不拔曠日持久糧食單竭弱

欲戰不拔曠日持久糧食單竭弱燕不破齊必拒境而自強二國相持則劉項之權未有所分也當今之計不如按甲休兵饗士大夫北首燕路然後發一乘之使奉咫尺之書以使燕燕必不敢不聽從燕而東臨齊雖有智者亦不知為齊計矣如是則天下事可圖也固有先聲後實者此之謂也信曰善於

【第六紙】

先聲後實者此之謂也信曰善於
是發使燕燕從風而靡遂度河襲
歷下軍破龍且楚已亡龍且項王
恐使武涉往說信信謝曰臣得事
項王數年官不過郎中位不過執
戟言不聽畫策不用故背楚歸漢
漢王授我上將軍印數萬之衆解
衣衣我推食食我言聽計用吾得
至於此人深親信我背之不祥雖

【第六紙】

至於此人深親信我皆之不祥武
涉已去蒯通知天下權在於信深
說以三分天下之計不忍背漢又
自以功大漢不奪齊遂不聽項羽
死徙信爲楚王信初之國陳兵出
入有變告信欲反上僞游於雲夢
信謁於陳高祖令武士縛信載後
車信曰果若人言狡兎死良狗烹
上曰人告公反遂械信至雒陽赦

上曰人告公反逐捕信至雒陽赦以爲淮陰侯信知漢畏悪其能稱疾不朝

黥布六人也漢封爲淮南王十一年高后誅韓信布心恐憂復誅彭越盛其醢以偏賜諸侯王布見醢大恐遂聚兵反書聞上召諸將問布反爲之柰何皆曰發兵坑竪子耳何能爲汝陰侯滕公以問其客

【第七紙】

耳何能為汝陰侯滕公以問其客
薛公薛公曰是固當反滕公曰上
裂地而封之疏爵而貴之疏分也南
面而立萬乘之主其反何也薛公
曰前年殺彭越往年殺韓信三人
皆同功一體之人也自疑禍及身
故反耳
楚元王交高祖少弟也玄孫向字
子政本名更生為諫大夫向見光

子政本名更生爲諫大夫向見先禄勳周堪光禄大夫張猛二人給事中大見信弘恭石顯憚之數譖毀爲向上封事曰臣前幸得以骨肉備九卿奉法不謹乃復蒙恩竊見災異並起天地失常徵表爲國欲終不言念忠臣雖在甽畝猶不忘君況重以骨肉之親又加以舊恩乎臣聞舜命九官禹作空司弃后契司徒咎

恩乎臣聞舜命九官禹作空司弃后契司徒咎繇作士垂共益朕虞伯夷秩宗夔典樂龍納言凡九官也濟濟相讓和之至也衆賢和於朝則萬物和於野故四海之内靡不和寧及至周文開基西郊雜還衆賢因不肅和崇推讓之風以銷分爭之訟武王周公繼政朝臣和於内萬國驩於外故盡得其驩心以事其先祖下至幽厲之際朝廷不和轉

先祖下至幽厲之際朝廷不和轉
相非怨君子獨守正廼旋以從王
【第八紙】
事則反見憎毒讒愬故其詩曰密
勿從事不敢告勞無罪無辜讒口
嗸〻當是之時天變見於上地變
動於下水泉沸騰山谷易處由此
觀之和氣致祥乖氣致異祥多者
其國安異衆者其國危天地之常
經古今之通義也今陛下開三代

經古今之通義也今陛下開三代之業招文學之士優游寛容使得並進今賢不肖渾淆白黒不分邪正雜糅忠讒並進朝臣更相讒愬轉相是非文書紛糾毀譽渾乱所以營惑耳目感移心意者不可勝載分曹爲黨將同心以陷正臣進者治之表也正臣陥者亂之機也乗治亂之機未知孰任而災異數

【第九紙】

乗治亂之機未知孰任而災異數
見此臣所以寒心者也夫乗權藉
勢之人子弟鱗集於朝羽翼陰附
者衆毀譽將必用以終乖離之咎
是以日月無光雪霜夏隕陵谷易
處列星失行皆怨氣之所致也夫
遵襄周之軌迹修詩人之所刺而
欲以成太平致雅頌猶却行而求
及前人也初元以來六年矣按春

及前人也初元以來六年矣按春
秋六年之中災異未有稠如今賢
人而行善政如或譖之則賢人退
而善政還夫執狐疑之心者來讒
賊之口持不斷之意者開羣枉之
門讒邪進者衆賢退羣枉盛者正
士銷故易有否泰小人道長則君
子道銷君子道銷則政日亂故爲
否〻者閉而亂也君子道長則小

吝〻者閉而亂也君子道長則小
人道銷小人道銷則政日治故爲
泰〻者通而治也昔者鯀共工讙
兜與舜雜處堯朝周公與管蔡並
居周位當是時迭進相毀流言相
謗豈可勝道哉帝堯成王能賢舜
禹周公而銷共工管蔡故以大治
孔子與季孟偕仕於魯季斬與叔
孫俱宦於秦定公始皇賢季孟李

【第十紙】

孫俱官於秦定公始皇賢季孟李
斯而銷孔子外孫故以大亂故治
乱榮辱之端在所信任所信任既
賢在於堅固而不移詩云我心匪
石不可轉言守善篤也易曰渙汗
其大號言號令如汗汗出而不反
者也令出号令未能踰時而反是
反汗也用賢未能三旬而退是轉
石也論語曰見不善如探湯今二

石也論語曰見不善如探湯今二
府奏佞諂不當在位歷年而不去
也出令則如反汗用賢則如轉石
去佞則如拔山而望陰陽之調不
亦難乎是以群小窺見間隙巧言
醜詆流言飛文譁於民間故詩云
憂心悄悄慍于羣小小人成群誠
足慍也昔孔子與顔淵子貢更相
稱譽不爲朋黨禹稷與皐陶傳相

稱譽不爲朋黨禹稷與皐陶傳相汲引不爲比周何則忠於爲國無邪心也故賢人在上位則引其類而聚之朝在下位則思與其類俱進故湯用伊尹不仁者遠而衆賢至類相致也今佞邪與賢臣並在交戟之內合黨共謀違善依惡數設危險之言欲以傾移主上如忽然用之此天地之所以先戒災異

【第十一紙】

然用之此天地之所以先戒災異
之所以重至者也自古明聖未有
無誅而治者也故舜有四放之罰
而孔子有兩館之誅然後聖化可
得而行也今以陛下明智誠深思
天地之心迹察兩館之誅覽不泰
之卦歷周唐之所進以為治原秦
魯之所銷以為戒考詳應之福省
災異之禍以揆當世之變放遠佞

災異之禍以攙當世之變放遠佞
邪之黨壞散險詖之聚杜閉羣枉
之門廣開衆正之路決斷狐疑分
別猶豫使是非炳然可知則百異
銷滅而衆祥並至大平之基萬世
之利也向又見成帝營起昌陵數
年不成制度泰奢向上疏諫曰臣
聞易曰安不忘危存不忘亡是以
身安而國家可保也故賢聖之君

【第十二紙】

身安而國家可保也故賢聖之君
博觀終始必通三統（一曰天統二曰地統三曰人統）
天命所授者博非獨一姓也孔
子論詩至於殷士膚敏灌將于京
喟然歎曰大哉天命善不可不傳
于子孫是以富貴無常不如是則
王公其何以戒慎民萌其何以勸
勉善傷微子之事周而痛殷之亡
也雖有堯舜之聖不能化丹朱之

也雖有堯舜之聖不能化丹朱之
子雖有禹湯之德不能移末孫之
桀紂自古及今未不亡之國也故
常戰慄不敢諱亡孔子所謂富貴
无常蓋謂此也孝文皇帝居霸陵
顧曰以北山石爲槨豈可動哉張
釋之進曰使中有可欲雖錮南山
猶有隙使其中無可欲雖無石槨
又何感乎孝文寤焉遂爲薄葬易

又何感乎孝文寤焉遂為薄葬易
曰古之葬者藏之中野不封不樹
後世聖人之以棺椁黃帝葬於橋
山堯葬濟陰丘壠皆小葬具甚微
舜葬蒼梧二妃不從禹葬會稽不
改其列（不改官莖樹木百物之行列也）殷湯無葬
處文武周公葬於畢秦穆公葬於
雍樗里子葬於武庫皆無丘隴之
處此聖帝明王賢君智士遠覽獨

【第十三紙】

慮此聖帝明王賢君智士遠覽獨
慮無窮之計也其賢臣孝子亦承
命順意而薄葬之此誠奉安君父
忠孝之至也故仲尼孝子而延陵
慈父舜禹忠臣周公悌弟其葬君
親骨肉皆微薄矣非苟爲儉誠便
於體也宋桓司馬爲石椁仲尼曰
不如速朽遠至吳王闔閭違禮厚
葬十有餘年越人發之及秦惠文

葬十有餘年越人發之及秦惠文
武昭嚴襄五王皆大作丘隴多其
瘞藏咸盡發掘暴露甚足悲也秦
始皇帝葬於驪山之阿下錮三泉
上崇山墳棺椁之麗宮館之盛不
可勝原又多殺宮人生埋工匠計
以萬數天下苦其役而反之驪山
之作未成而周章百万之師至其
下矣數年之間外被項籍之災內

下矣數年之間外被項籍之災内離牧豎之禍豈不哀哉是故德彌厚者葬彌薄智愈深者葬愈微無德寡智者葬愈厚丘壟彌高宮廟甚麗發掘必速由是觀之明暗之效葬之吉凶昭然可見矣陛下即位躬親節儉始營初陵其制約小天下莫不稱明及從昌陵增埤爲高積土爲山發民墳墓積以萬數

【第十四紙】

爲積土爲山發民墳墓積以萬數營起邑居期日迫卒功費大萬百餘（大萬一意也）死者恨於下生者愁於上惡氣感動陰陽因之飢饉物故流離以十萬數臣甚惛焉以死者爲有知發人之墓其害多矣若其無知又安用大謀之賢智則不恱以示衆庶則苦之若苟以恱愚夫淫侈之人又何爲哉陛下慈仁篤

淫侈之人又何爲哉陛下慈仁篤
美甚厚聰明疏達蓋世而顧與暴
秦亂君競爲奢侈北方丘隴説愚
夫之目隆一時之觀違賢智之心
忘萬世之安臣竊爲陛下羞之唯
陛下上覽明聖黃帝堯舜禹湯文
武周公仲尼之制下觀賢智穆公
延陵樗里張釋之意孝文皇帝去
墳薄葬以儉安神可以爲則秦昭

墳薄葬以儉安神可以爲則秦昭始皇増山厚藏以侈生害足以爲戒初陵之墓宜從公卿大臣之議以息衆庶書奏上甚感向言而不能從其計向見上無繼嗣政由王【第十五紙】氏遂上封事極諫曰臣聞人君莫不欲安然而危莫不欲存然而亡失御臣之術也夫大臣操權柄持國政未有不爲害者也昔晉有六

國政未有不爲害者也昔晉有六
卿智伯范中行韓趙魏也齊有田崔衛有孫
甯魯有季孟常掌國事世執朝柄
後田氏取齊六卿分晉崔杼殺其
君光剽季氏卒逐昭公皆陰盛而
陽微行下失臣道之所致也故書
曰臣之有作威作福害于而家凶
于而國孔子曰禄去公室政逮大
夫危亡之兆也秦昭王舅穰侯乃

夫危亡之兆也秦昭王舅穰侯及
涇陽葉陽君皆昭王母弟專國擅勢上
假太后之威三人者權重於昭王
家富於秦國〻甚危殆賴寤范雎
之言而秦復存二世委任趙高趙
高專權自恣壅蔽大臣終有閻樂
望夷之禍秦遂以亡近事不遠即
漢所代也漢興諸呂無道擅相尊
王呂產祿席太后之寵據將相之

【第十六紙】

王呂産祿席太后之寵據將相之
位欲危劉氏頼忠正大臣絳侯朱
虚等竭誠盡節以誅滅之然後劉
氏復安今王氏一姓乘朱輪華轂
者廿三人青紫貂蟬充盈幄内魚
鱗左右大將軍事用權五侯驕奢
僭盛並作威福擊斷自恣行而
寄治身私而託公依東官之尊假
甥舅之親以爲威重尚書九卿州

甥舅之親以為威重尚書九卿州
牧郡守皆出其門筦執樞機朋黨
比周稱譽者登進忤恨者誅傷游
談者助之說執政者為之言排擯
宗室孤弱公族其有智能者尤非
毀而不進遠絶宗室之任不令得
給事朝省恐其與己分權數稱燕
王蓋主以疑上心避諱呂霍而弗
肯稱内有管蔡之萌外假周公之

【第十七紙】

肯稱內有管蔡之誚外假周公之論兄弟據重宗族磐牙歷上古至秦漢外戚貴末有如王氏者也雖周皇甫秦穰侯漢武安呂霍上官之屬皆不及也物盛必有非常之變先見爲其人徵象孝昭帝時冠石立於泰山（有石自立三石爲足一石在上故曰冠石也）仆柳起於上林而孝宣帝即位今王氏先祖墳墓在濟南者其梓

今王氏先祖墳墓在濟南者其梓柱生枝葉扶疏上出屋根垂地中雖立石起柳無以過此明也事勢不兩大王氏與劉氏亦且不竝立如下有泰山之安則上有累卵之危陛下爲人子孫守持宗廟而令國祚移於外親降爲阜隸不爲身奈宗廟何婦人內夫家而外父母家此亦非皇太后之福也孝宣皇

家此亦非皇太后之福也孝宣皇
帝不與舅平昌樂昌侯權所以全
安之也夫明者起福於無形銷患
於未然宜發明詔吐德音援近宗
室親而納信黜遠外戚無授以政
以則效先帝之所行厚安外戚全
其宗族誠東宮之意外之福也王
氏永存保其爵祿劉氏長安不失
社稷所以褒睦外內之姓子子孫

【第十八紙】

社稷所以褱睦外内之姓子々孫孫無穜之計也如不行此策田氏復見於今六卿必起於漢為後嗣憂昭々甚明不可不深圖不可不早慮也唯陛下深留聖思覽往事之戒居萬安之實用保宗廟久承皇太后天下幸甚書奏天子召見向歎息悲傷甚意謂曰君且休矣吾將思之向每召見數言公族者

吾將思之向每旨見數言公族者
國之枝葉枝葉落則本根無所庇
蔭方今同姓疏遠母黨專政祿去
公室權在外家非所以強漢宗卑
私門保守社稷安固後嗣也向自
見得信於上故常顯訟宗室譏刺
王氏及在位大臣其言多痛切發
於至誠終不能用向卒後十三歲
而王氏代漢季布楚人也項籍使

而王氏代漢季布楚人也項籍使
將兵數窘漢王項籍滅高祖購求
布千金敢舍匿罪三族布匿濮陽
周氏周氏廼髠鉗布衣褐置廣柳
車中載以喪車欲人不知也之魯朱家賣之
朱家心知其季布也買置田舍上
廼之雒陽見汝陰侯滕公說曰季
布何罪臣各為其主用職耳項氏
臣豈可盡誅耶今上始得天下而

【第十九紙】

臣豈可盡誅耶今上始得天下而
以私怨求一人何示不廣也且以
季布之賢漢求之急如此〻不北
走胡南走越耳夫忌壯士以資敵
國此伍子胥所以鞭荊平王之墓
也君何不從容爲上言之滕公心
知朱家大俠意布匿其所迺許諾
侍閒果言如朱家旨上迺赦布〻
爲河東守孝文時人有言其賢召

爲河東守孝文時人有言其賢召欲以爲御史大夫人又言其勇使酒難近至留邸一月見罷布進曰臣待罪河東陛下無故召臣此人必有以臣欺陛下者今臣至无所受事罷去此人必有毀臣者夫以一人譽召臣一人毀去臣恐天下有識聞之有以窺下（窺見陛下深淺也）上默然慙曰河東吾股肱郡故時召

默然慙曰河東吾股肱郡故時召
君耳
欒布梁人也為梁大夫使於齊未
還漢召彭越責以謀反夷三族梟
首雒陽下詔有收視者輒捕之布
還奏事彭越頭下祠而哭之吏捕

【第二十紙】

以聞上召罵曰若與彭越反耶吾
禁人勿收若獨祠哭之與反明矣
趣亨之方提趣湯顧曰願壹言而

趣梟之方提趨湯願曰願壹言而
死上曰何言布曰方上之困彭城
敗滎陽成皋項王所以不能遂西
徒以彭王居梁地與漢合從苦楚
也當是之時彭王壹顧與楚則漢
破且垓下之會微彭王項氏不亡
天下已定彭王剖符受封亦欲傳
之萬世今漢壹徵兵於梁彭王不
行而疑以為反〻形未見以苛細

行而疑以爲反〻形未見以苛細
誅之臣恐功臣人〻自危也今彭
王已死臣生不如死請就亨上迺
釋布拜爲都尉

蕭何沛人也漢殺項羽即皇帝位
論功行封羣臣爭功歳餘不決上
以何功最盛先封爲酇侯食邑八
千户功臣皆曰臣等身被堅執兵
多者百餘戰少者數十合攻城略

【第二十一紙】

多者百餘戰少者數十合攻城略
地大小各有差今蕭何未有汗馬
之勞徒持文墨議論不戰居臣等
上何也上曰諸君知獵乎曰知之
知獵狗乎曰知之上曰夫獵追殺
獸者狗也而發縱指示獸處者人
也諸君徒能走得獸耳功狗也至
如蕭何發縱指示功人也且諸君
獨以身從我多者兩三人蕭何舉

獨以身從我多者兩三人蕭何舉宗數十人皆隨我功不可忘也羣臣後皆莫敢言列侯畢已受封奏位次皆曰平陽侯曹參身被七十創攻城略地功最多宜第一關內侯鄂秋時爲謁者進曰羣臣議皆誤夫曹參雖有野戰略地之功此特一時之事夫上與楚相距五歲失軍亡衆跳身遁者數矣然蕭何

【第二十二紙】

失軍亡衆跳身遯者數矣然蕭何常從關中遣軍補其處非上所詔令召而數萬衆會上乏絶者數矣夫漢與楚相守滎陽數年軍無見糧蕭何轉漕關中給食不乏陛下雖數亡山東蕭何常全關中待陛下此萬世功也今雖無曹參等百數何缺於漢漢得之不必待以全奈何欲以一旦之功而加萬世之

【第二十二紙】

柰何欲以一旦之功而加萬世之
功哉蕭何當弟一曹參次之上曰
善於是乃令何當弟一賜劒履上
殿入朝不趨是日悉封何父母兄
弟十餘人皆食邑何爲民請曰長
安地陿上林中多空地弃願令民
得入田毋收稾爲獸食上大怒曰
相國多受賈人財物爲請吾苑乃
下何廷尉械繫之數日王衛尉侍

下何廷尉械繫之數日王衛尉侍
前問曰相國胡大罪陛下繫之暴
也上曰吾聞李斯相秦有善歸主
有悪自與今相國多受賈豎金爲
請吾苑以自媚於民故繫治之王
衛尉曰夫職事苟有便於民而請
之真宰相事也陛下奈何乃疑相
國受賈人銭乎且陛下拒楚數歳
陳豨黥布反時陛下自將往當是

【第二十三紙】

陳豨黥布反時陛下自將往當是
時相國守關中搖足則關西非陛
下有相國不以此時為利乃利賈
人之金乎且秦以不聞其過亡天
下夫李斯之分過又何足法哉陛
下何疑宰相之淺也是日使〻持
節赦出何〻年老素恭謹入徒跣
謝上曰相國休矣相國為民請吾
苑不許我不過為桀紂主而相國

苑不許我不過爲桀紂主而相國
爲賢相吾故繫相國欲令百姓聞
吾過也
曹參沛人也爲齊丞相參聞膠西
有蓋公善治黄老言使人厚幣請
之既見蓋公蓋公爲言治道貴清
靜而民自定推此類具言參於是
避正堂舍蓋公焉其治要用黄老
術齊國安集大稱賢相蕭何薨使

術齊國安集大稱賢相蕭何薨使
者召參〻去屬其後相曰以齊獄
市爲寄愼勿擾也後相曰治無大
於此者乎參曰不然夫獄市者所
以并容也今君擾之姦人安所以
容乎吾是以先之夫獄市兼受善
惡若窮極姦人
无所容竄姦人無所容竄久且爲
乱秦人極刑而下天叛孝武峻
法而獄繁此其效也老子曰我無
爲民自化我好靜民自正參欲以
道化其本不始參微時與蕭何善
欲擾其末也

【第二十四紙】

道化其本不欲擾其末也始參微時與蕭何善
及爲宰相有隙至何且死所推賢
唯參參代何爲相國舉事無所變
更一遵何之約束擇郡國吏長大
取年長者大訥於文辭謹厚長者即召
除爲丞相史吏之言文刻深欲務
聲名輒斥去之日夜飲酒卿大夫
以下吏及賓客見參不事事不事丞相
之事來者皆欲有言至者參輒飲以

之事來者皆欲有言至者參輙飲以
醇酒度之欲有言復飲醉而後去
終莫得開說聞謂有所啓白相舍後園近
吏舍日飲歌呼從吏患之無如何
乃請參遊後園聞吏醉歌呼從吏
幸相國召按之乃反取酒張坐飲
大歌呼與相和參見人之有細過
專掩匿覆蓋之府中無事參子窋
爲中大夫惠帝怪相國不治事以

【第二十五紙】

爲中大夫恵帝恠相國不治事以
爲豈少朕與乃謂窋曰汝歸試私
從容問乃父曰高帝新弃羣臣帝
富於春秋君爲相國日飲無所請
事何以憂天下然無言吾告汝也
窋既洗沐歸諫參ゝ怒而笞之二
百曰趣入侍天下事非乃所當言
也至朝時帝讓參ゝ免冠謝曰陛
下自察聖武孰與高皇帝上曰朕

下自察聖武孰與高皇帝上曰朕
乃安敢望先帝參曰陛下觀參能
孰與蕭何賢上曰君似不及也參
曰陛下言之是且高皇帝與蕭何
定天下法令既明具陛下垂拱參
等守職遵而勿失不亦可乎惠帝
曰善君休矣百姓歌之曰蕭何爲
法講若畫一（講或作較）曹參代之守而
勿失載其清靜民以寧壹

勿失載其清静民以寧壹
張良字子房韓人也沛公以二萬
人擊秦嶢下軍良曰秦兵尚彊未
可輕臣聞其將屠者子賈豎易動
以利沛公令酈食其持重寶啗秦
將果欲連和俱西良曰此獨其將
欲叛士卒恐不從不如因其解擊
之沛公迺引兵擊秦軍大破之逐
至咸陽王子嬰降沛公沛公入秦

【第二十六紙】

至咸陽王子嬰降沛公沛公入秦
宮室帷帳狗馬重寶婦女以千數
意欲留居之樊噲諫沛公不聽良
曰夫秦爲無道故沛公得至此爲
天下除殘去賊宜縞素爲資今始
入秦即安其樂此所謂助桀爲桀
資藉也公及秦奢儉素以爲藉也且忠言逆於耳
利於行毒藥苦於口利於病願沛
公聽樊噲言沛公迺還軍霸上

公聽樊噲言沛公廼還軍霸上陳平戶牖人也背楚曰魏無知見漢王漢王拜爲都尉典護軍洚淮等或讒平曰聞平居家時盜其嫂事魏王不容亡而歸楚不中又亡歸漢今大王尊官之令護軍臣聞平使諸將金多者得善處金少者得惡處平反覆亂臣也願王察之漢王疑之以讓無知問曰有之乎

漢王疑之以讓無知問曰有之乎
無知曰有漢王曰公言其賢人何
也對曰臣之所言者能也陛下所
問者行也今有尾生孝巳之行孝巳高宗之子有子行也
而無益於勝敗之數陛
下暇用之乎今楚漢相拒臣進奇
謀之士王召平而問曰吾聞先生
事魏不遂事楚而去今又從吾遊
信者固多心乎平曰臣事魏王魏

【第二十七紙】

信者固多心乎平曰臣事魏王魏
王不能用臣說故去事項王項王不信
人其所任愛非諸項即妻之昆弟
雖有奇士不能用臣居楚聞漢王
之能用人故歸大王臣臝身来不
受金無以爲資誠臣計畫有可采
者願大王用之使無可用者大王
所賜金具在請封輸官得請骸骨
漢王迺謝厚賜拜以爲護軍中尉

漢王迺謝厚賜拜以爲護軍中尉
盡護諸將諸將迺不敢復言
周勃沛人也爲人木彊敦厚高帝
以爲可屬大事惠帝以勃爲太尉
高后崩呂祿以趙王爲漢上將軍
呂産以呂王爲相國事權欲危劉
氏勃與丞相平朱虛侯章共誅諸
呂遂共迎立代王是爲孝文皇帝
初即位以勃爲右丞相後迺免丞

【第二十八紙】

初即位以勃爲右丞相後迺免丞
相就國人有上書告勃欲反下廷
尉廷尉逮捕勃治之勃恐不知置
辭吏稍侵辱之勃以千金與獄吏
迺書牘背示之故獄吏教引爲證
薄太后亦以爲無反事文帝朝太
后曰絳侯綰皇帝璽將兵於北軍
不以此時反今居一小縣顧欲反
耶文帝迺謝曰吏方驗而出之於

耶文帝迺謝曰東方驗而出之於
是使〻持節赦勃復爵邑勃既出
曰吾將百萬軍然安知獄吏之貴
也勃子亞夫文帝封為條侯後六
年匈奴大入邊以宗正劉禮為將
軍〻霸上祝茲侯徐厲為將軍〻
棘門以亞夫為將軍〻細柳以備
胡上自勞軍至霸上及棘門軍直
馳入將以下騎送迎已而之細柳

馳入將以下騎送迎已而之細柳
軍〻士吏被甲鋭兵刃彀弓弩持
滿天子先驅至不得入先驅曰天
子且至軍門都尉將軍令曰軍中
聞將軍之令不聞天子之詔有頃
上至又不得入於是上使〻持節
詔將軍曰吾欲勞軍亞夫乃傳言
開辟門辟門士請車騎曰將軍約
軍中不得驅馳於是迺按轡徐行

【第二十九紙】

軍中不得驅馳於是迺按轡徐行
至中營將軍亞夫持兵揖曰介胄
之士不拜請以軍禮見（禮介者不拜）天
子爲動改容式車使人稱謝成禮
而去既出軍門羣臣皆驚文帝曰
嗟乎此真將軍矣向者霸上棘門
軍如兒戲耳其將固可襲而虜也
亞夫可得而犯耶稱善者久之
樊噲沛人也與高祖俱起高帝嘗

樊噲沛人也與高祖俱起高帝嘗
病惡見人卧禁中詔户者毋得入
羣臣絳灌等莫敢入十餘日噲迺
排闥直入大臣隨之上獨枕一宦
者卧噲等見上流涕曰始陛下與
臣等起豐沛定天下何其壯也今
天下已定又何憊也且陛下病甚
大臣震恐不見臣等計事顧獨與
一宦者絶乎且陛下獨不見趙高

【第三十紙】

一官者絶乎且陛下獨不見趙高
之事乎高帝笑而起
周昌沛人也爲御史大夫爲人強
力敢直言自蕭曹等皆卑下之昌
嘗燕入奏事以上宴時入奏事也高帝方擁
戚姬昌還走高帝逐得騎昌項問
曰我何如主昌仰曰陛下即桀紂
之主也於是上笑之然尤憚昌及
高帝欲廢太子大臣固爭莫能得

【第三十紙】

高帝欲廢太子大臣固爭莫能得
而昌廷爭之彊上問其說昌為人
吃又盛怒曰臣口不能言然臣心
知其不可陛下欲廢太子臣期不
奉詔上欣然而笑太子遂定
申屠嘉梁人也為丞相是時太中
大夫鄧通方愛幸賞賜累鉅萬文
帝常燕飲通家其寵如是〻時入
朝而通居上旁有怠嫚之禮嘉奏

朝而通居上旁有怠嫚之禮嘉奏
事畢因言曰陛下幸愛羣臣則貴
富之至於朝廷之禮不可以不肅
上曰君勿言吾私之罷朝坐府中
為檄召通〻恐入言上〻曰汝第
往吾今使人召若通至丞相府免
冠徒跣頓首謝嘉責曰夫朝廷者
高皇帝之朝廷也通小臣戲殿上
大不敬當斬之通頓首盡出血不

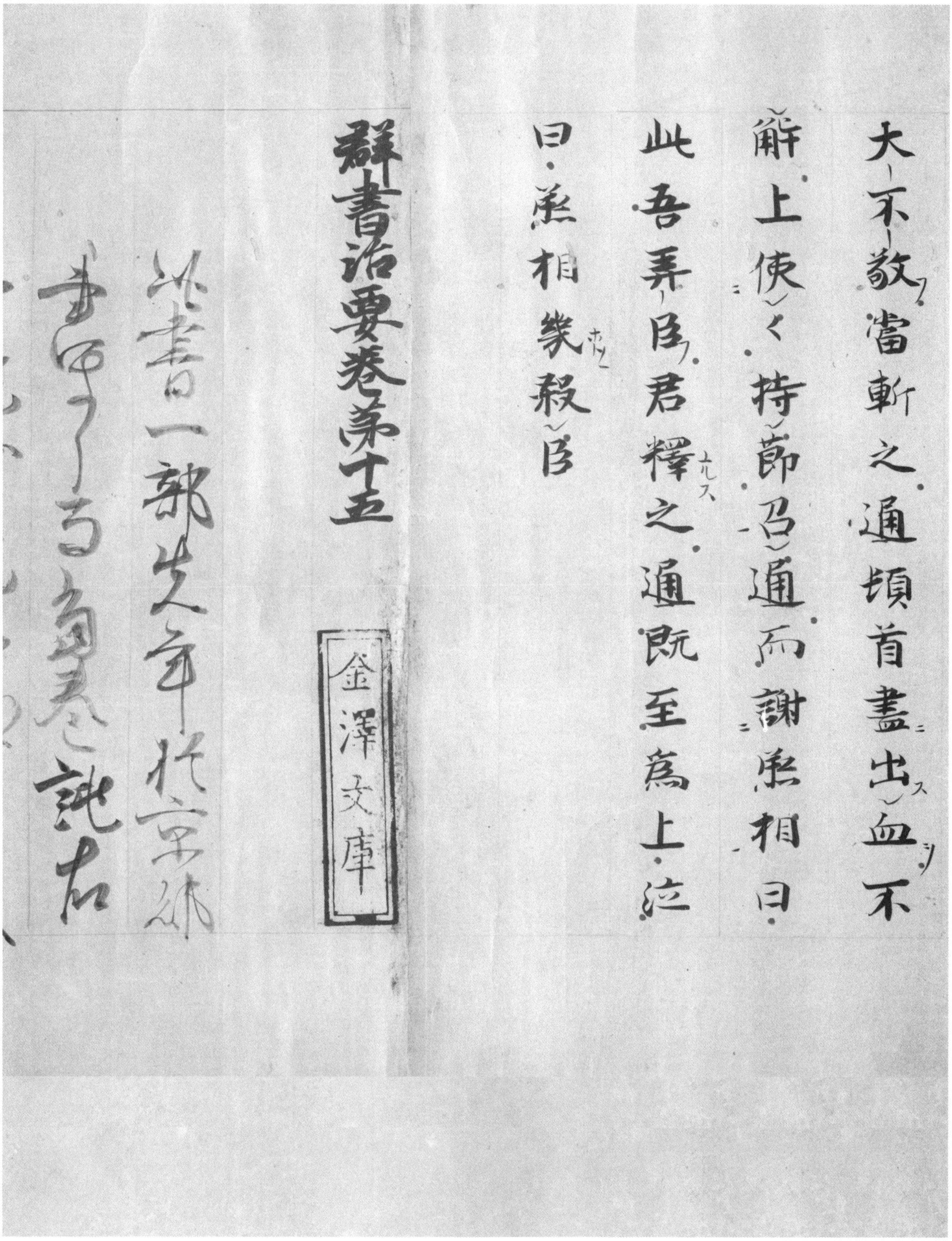
大不敬當斬之通頓首盡出血不
解上使〻持節召通而謝丞相曰
此吾弄臣君釋之通既至為上泣
曰丞相幾殺臣

群書治要卷第十五

640　639　638　637　636　635　634　633　632

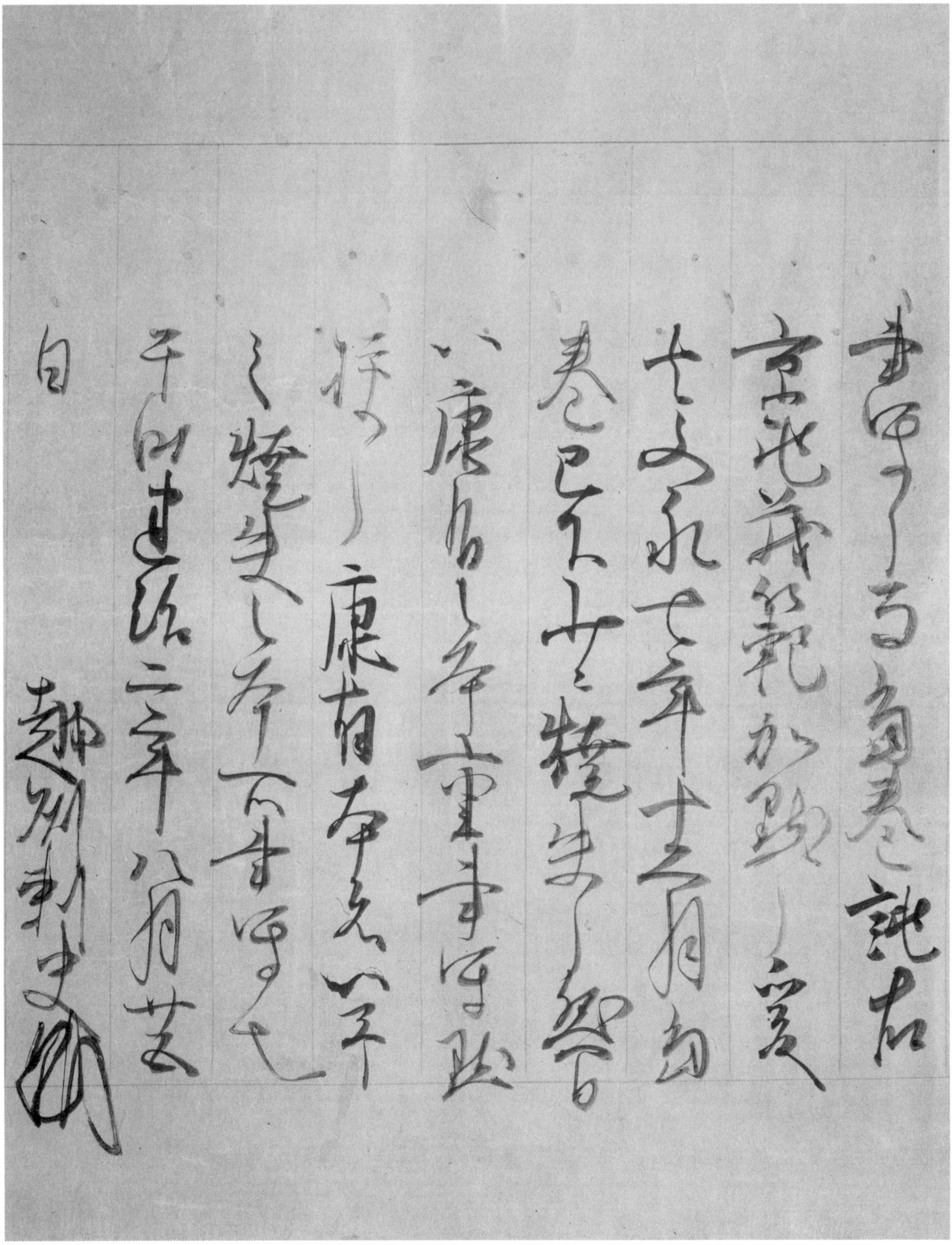

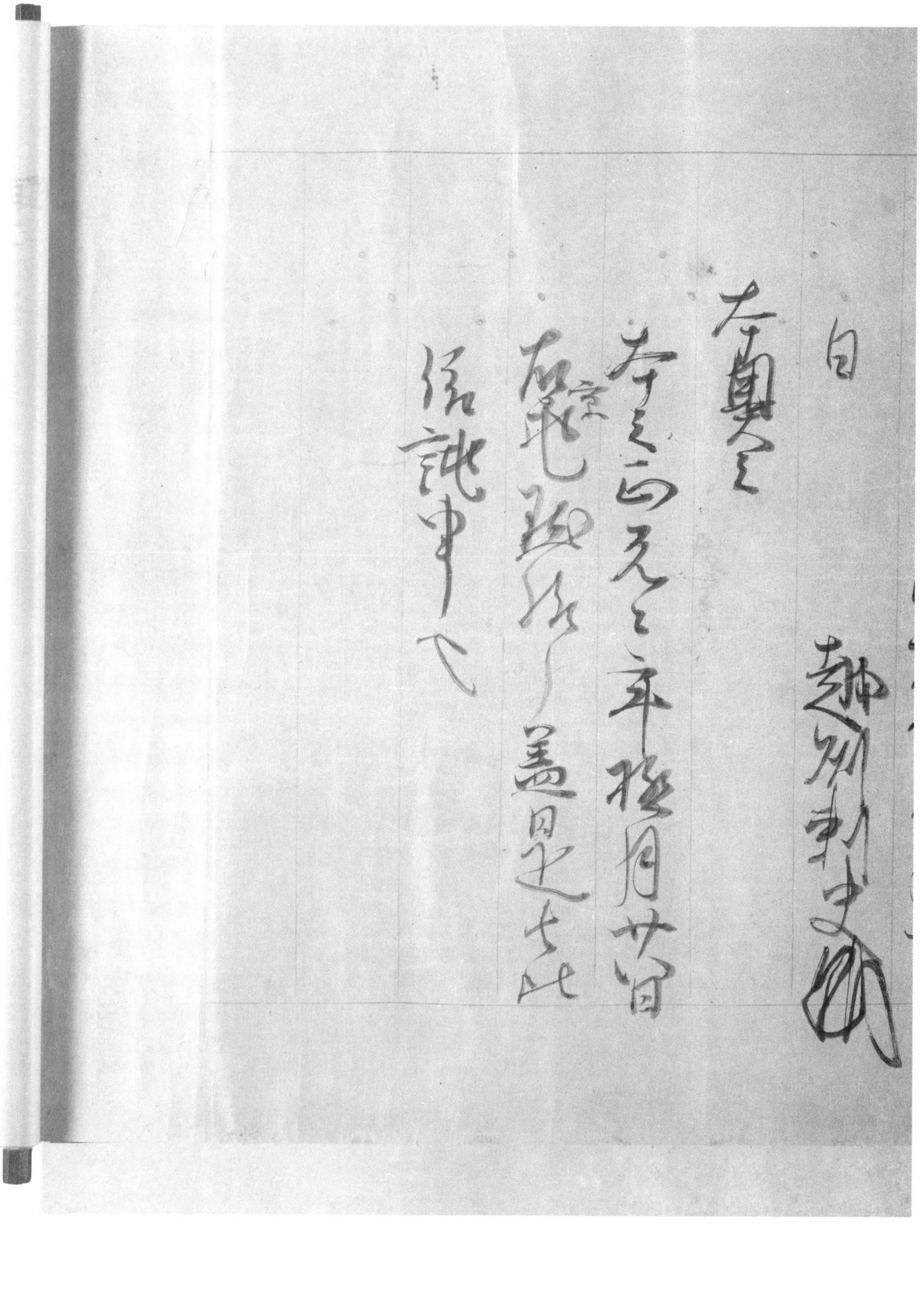

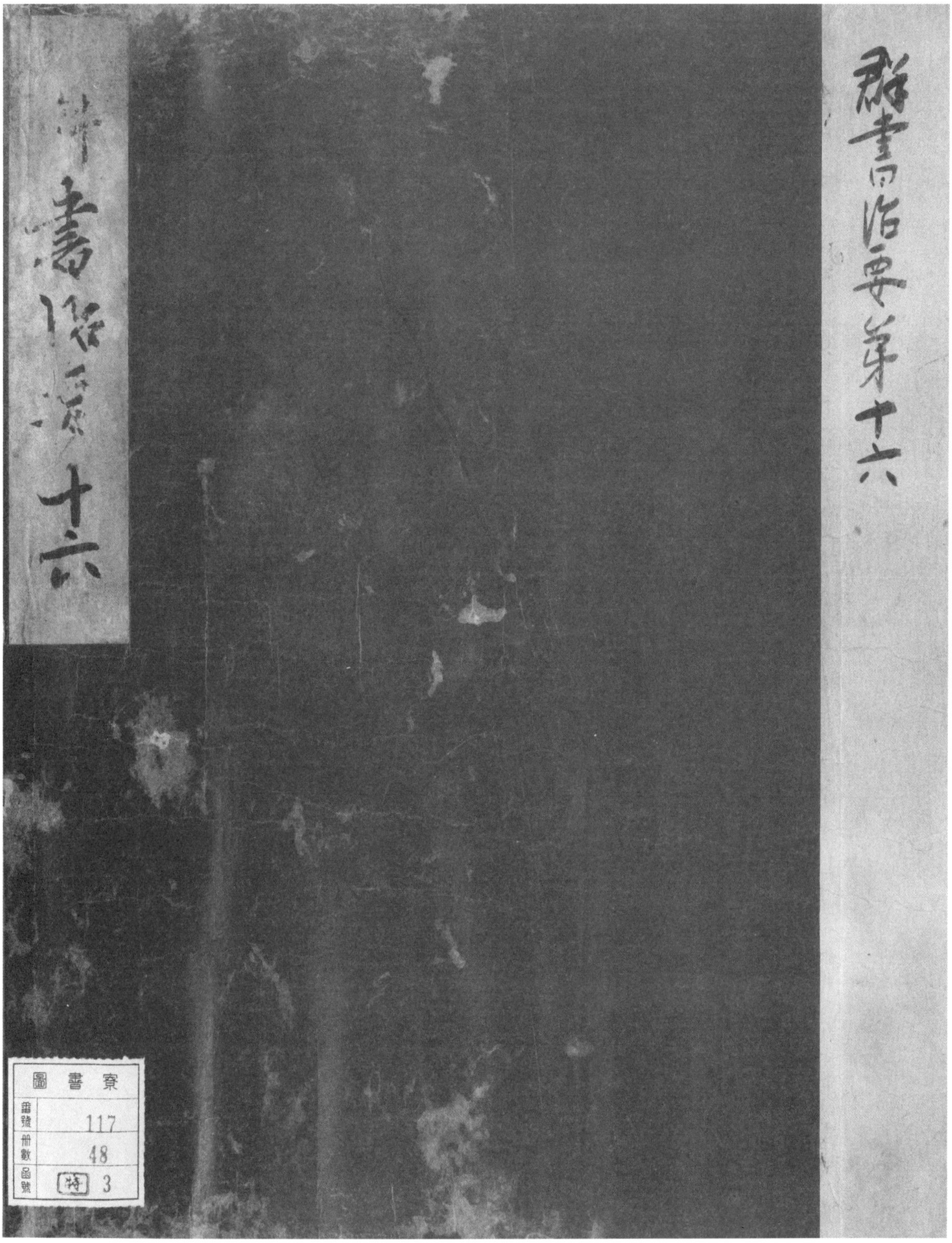
群書治要第十六
書　十六
圖書寮
番號 117
冊數 48
函號 特 3

【第一紙】

群書治要卷第十六　秘書監鉅鹿男臣魏徵等奉　勅撰

漢書四　傳

酈食其陳留人也好讀書身長八尺人皆謂之狂生自謂我非狂沛公至高陽傳舍使人召食其至入謁沛公方踞牀令兩女子洗而見食其食其入即長揖不拜曰足下欲助秦攻諸侯乎率諸侯破秦乎沛公罵曰豎儒夫天下同苦秦

破秦入沛公罵曰豎儒夫天下同苦秦
久矣故諸侯相率攻秦何謂助秦食其
曰必欲聚徒合義兵誅無道秦不宜踞
見長者於是沛公輟洗起衣延食其上
坐謝之漢王據守敖倉而使食其説齊王
曰王知天下之所歸乎曰不知也天下何
歸曰歸漢齊王曰先生何以言之曰漢
王與項王約先入咸陽者王之項王背約
不與而遷殺義帝漢王起蜀漢之兵

【第二紙】

不與而遷殺義帝漢王起蜀漢之所兵
擊三秦出關而責義帝之處天下之
兵立諸侯之後降城即以侯其將得賂
則以分其士與天下同其利豪英賢才
皆樂為之用諸侯之兵四面而至蜀漢
之粟方船而下項王有背約之名殺義
帝之負於人之功無所記於人之罪無
所忘戰勝而不得其賞拔城而不得其
封非項氏莫得用事為人刻印刓而不

封非項氏莫得用事爲人刻印刓而不能授（刓斷無復廉鍔也）攻城得賂積財而不能賞天下叛之賢材怨之而莫爲之用故天下之士歸於漢王可坐而策也夫漢王發蜀漢定三秦涉西河之水授上黨之兵下井陘破北魏此黄帝之兵非人之力天之福也今已據敖倉之粟塞城皋之險守白馬之津杜太行之阪拒飛狐之口天下後服者先亡矣王疾下漢王齊國

口天下後服者先亡矣王疾下漢王齊國
社稷可得而保也不下漢王危亡可立而待
也田廣迺聽食其罷歷下兵守戰備
陸賈楚人也有口辯常居左右時時前
說稱詩書高帝罵之曰乃公居馬上得之
安事詩書賈曰馬上得之寧可以馬上治
乎且文武並用長久之術也昔者吳王
夫差智伯極武而亡秦任刑法不變卒
滅趙氏（封於趙城其後曰趙氏）向使秦已并天下行仁

【第三紙】

誡趙氏封於趙城其後曰趙氏向使秦已并天下行仁
義法先聖陛下安得而有之高帝不懌
有慙色謂賈曰試為我著秦所以失天
下吾所以得之者及古成敗之國事賈
凡著十二篇毎奏一篇高帝未嘗不稱
善稱其書曰新語呂太后時王諸呂諸呂
擅權欲劫少主危劉氏右丞相陳平患
之賈曰天下安注意相天下危注意將々
相和則士豫附士豫附天下雖有變則權

相和則士豫附士豫附天下雖有變則權
不分權不分為社稷計在兩君掌握耳
平因結謀於太尉勃卒誅諸呂安劉氏
立文帝賈之謀也
婁敬齊人也漢五年戍隴西過雒高帝
在焉敬脫輓輅（輅以木當匈抗重輦車也）見齊人虞將
軍曰臣願見上言便宜虞將軍入言上
召見問敬說曰陛下都雒陽豈欲與周
室比隆哉上曰然敬曰陛下取天下與周

室比隆哉上曰然敬曰陛下取天下與周
異周之先自后稷積德累善十餘世及
武王伐紂不期會孟津上八百諸侯遂滅
殷成王即位周公之屬傅相焉迺營成
周都雒以爲此天下中諸侯四方納貢職
道里鈞矣有德則易以王無德則易以
亡凡居此者欲令周務以德致人不欲阻
險令後世驕奢以虐民也及周之衰分而
爲二天下莫朝周不能制非德薄形勢弱

【第四紙】

爲二天下莫朝周不能制非德薄形勢弱
也今陛下起豐擊沛收卒三千人卷蜀漢
定三秦與項籍大戰七十小戰卌使天下
之民肝腦塗地父子暴骸中野不可勝數
哭泣之聲不絶傷痍者未起而欲比隆
成康之時臣竊以爲不侔矣且夫秦地
被山帶河四塞以爲固卒然有急百萬
之衆可具因秦之故資甚美膏腴
之地此所謂天府陛下入關而都之山東

之地此所謂天府陛下入關而都之山東
雖亂秦故地可全而有也夫與人鬪不
搤其亢亢龍嗌也拊其背未能全勝今陛
下入關而都按秦之故此亦搤天下之
亢而拊其背也高帝即日駕西都關
中於是賜姓劉氏拜為郎中號曰奉
春君漢七年韓王信反高帝自往擊
至晉陽聞信與匈奴欲擊漢上使人
使匈奴匈奴匿其壯士肥牛馬徒見其老

使匈奴匈奴匿其壯士肥牛馬徒見其老弱及羸畜使者十輩來皆言匈奴易擊上使敬復往還報曰兩國相擊此宜夸矜見所長今臣往徒見羸胔老弱此必欲見短伏奇兵以爭利愚以為匈奴不可擊也是時漢兵卅餘萬衆兵已拔行上怒罵敬曰齊虜以舌得官迺今妄言沮吾軍械繫敬廣武遂往至平城匈奴果出奇兵圍高帝白登

【第五紙】

往至平城匈奴果出奇兵圍高帝白登
七日然後得解高帝至廣武赦敬曰吾
不用公言以困平城迺封敬二千戶號
建信侯
叔孫通薛人也爲太子太傅高帝欲以
趙王如意易太子通諫曰昔者晉獻公
以驪姬故廢太子立奚齊晉國亂者數
十年爲天下笑秦以不早定扶蘇胡亥
詐立自使滅祀此陛下所親見今太子

詐立自使滅祀此陛下所親見今太子
仁孝天下皆聞之呂后與陛下攻苦食
啖（食無菜茹為啖）其可背哉陛下必欲廢嫡
而立少臣願先伏誅以頸血汙地高帝
曰公罷矣吾特戲耳通曰太子天下本
本壹搖天下震動柰何以天下戲高
帝曰吾聽公
蒯通范陽人也韓信定齊地自立為
齊假王通知天下權在於信說信曰

齊假王通知天下權在於信説信曰
今劉項分爭使人肝腦塗地流離中
野不可勝數非天下賢聖其勢固
不能息天下之禍當今之時兩主懸命
於足下足下爲漢則漢勝與楚則楚
勝方今爲足下計莫若兩利而俱存之
參分天下鼎足而居其勢莫敢先動
蓋聞天與弗取反受其咎時至弗行
反受其殃願足下孰圖之信曰漢王遇

【第六紙】

反受其殃願足下孰圖之信曰漢王遇
我厚吾豈可見利而背恩乎遂謝通
通說不聽惶恐乃陽狂為巫天下既
定後信以罪廢為淮陰侯謀反誅臨
死歎曰悔不用蒯通之言高帝聞之召
通通至上欲亨之曰若教韓信反何也
通曰狗各吠非其主當彼時臣獨知
齊王韓信非知陛下也且秦失其鹿
以鹿喻帝位也天下共逐之高材者先得天

以鹿喻帝位也天下共逐之高材者先得天
下匈匈爭欲爲陛下所爲顧力不能耳
殫誅邪上迺赦之至齊悼惠王時曹
參爲相禮下賢人請通爲客初齊
處士東郭先生梁石君入深山隱居
通迺見相國曰婦人有夫死三日而嫁
者有幽居守寡不出門者足下即欲
求婦何取曰取不嫁者通曰然則求
臣亦猶是也彼東郭先生梁石君齊

【第七紙】

臣亦循是也彼東郭先生梁石君齊
之俊士也隱居不嫁未嘗卑節下意
以求仕也願足下使人禮之曹相國
曰敬受命皆以為上賓
賈誼洛陽人也孝文時為梁懷王太
傅是時匈奴彊侵邊天下初定制
度疏闊諸侯王僭擬地過古制淮南
濟北王皆為逆誅誼數上疏陳政事
多所欲匡建具大略曰臣竊惟事勢

【第七紙】

多所欲建遠其大略曰臣竊惟事勢
可爲痛哭者一可爲流涕者二可爲
長太息者六若其他背理而傷道
者難徧以疏舉進言者皆曰天
下已安已治矣臣獨以爲未也曰安
且治者非愚則諛皆非事實知治
亂之體者也夫抱火厝之積薪之下而
寢其上火未及燃因謂之安方今之勢
何以異此陛下何不壹令臣得孰數之於

【第八紙】

何以異此陛下何不壹令臣得孰數之於
前因陳治安之策試詳擇焉夫使爲治
勞智慮若身體之鍾鼓之樂勿爲可也
樂與今同而加之以諸侯軌道兵革不
動民保首領匈奴賓服四荒向風百
姓素朴獄訟衰息天下順治生爲明
帝沒爲明神名譽之美垂於無窮遠
久
安之勢成長治之業以承祖廟以奉六
親至孝也幸天下以育群生至仁也立

親至孝也幸天下以育群生至仁也立
經陳紀輕重同得後可以為萬世法程
雖有愚幼不肖之嗣猶得蒙業而安至
明也以陛下之明達因使少知治體者
得佐下風致此非難也臣謹稽之天地
驗之往古按之當今之務日夜念之至孰
也雖使禹舜復生為陛下計無以易此
夫樹國固必相疑之勢樹國於險固諸侯强大則必与天子
有相疑之勢也下數被其殃上數爽其憂甚

有相疑之勢也下數被其殃上數爽其憂甚
非所以安上而令下也今或親弟謀爲
東帝淮南厲王長也親兄之子西向而擊謂齊悼惠
王子興居爲濟北王欲擊取熒陽天子春秋鼎盛鼎方行義
未過德澤有加焉猶尚如是況莫大
諸侯權力且十此者乎然而天下少安
何也大國之王幼弱未壯漢之所置傅
相方握其事數年之後諸侯之王大抵
皆冠血氣方剛漢之傅相稱病而賜罷彼

【第九紙】

皆冠血氣方對漢之傳相稱病而賜罷彼
自致尉以上偏置私人如此有異淮南濟
北之爲邪此時而欲爲治安雖堯舜不能
也今令此道順而全安甚易不肯早爲
已迺隨骨肉之屬而抗剄之（抗其頭而剄之也）豈
有異秦之季世乎夫以天子之位乘今
之時因天之助尚憚以危爲安以亂爲治
假設天下如曩時淮陰侯尚王楚黥
布王淮南彭越王梁韓信王韓張敖王

布王淮南彭越王梁韓信王韓張敖王
趙盧綰王燕陳豨在代令此六七公者
皆亡恙當是時而陛下即天子位能自安
乎臣有以知陛下之不能也天下殽亂高皇
帝與諸公並起諸公幸者迺爲中涓其
次僅得舍人材之不逮至遠也高皇帝以
明聖威武即天子位割膏腴之地以王
諸公多者百餘文少者三四十縣悳至渥
也然其後十年之間反者九起陛下之與

【第十紙】

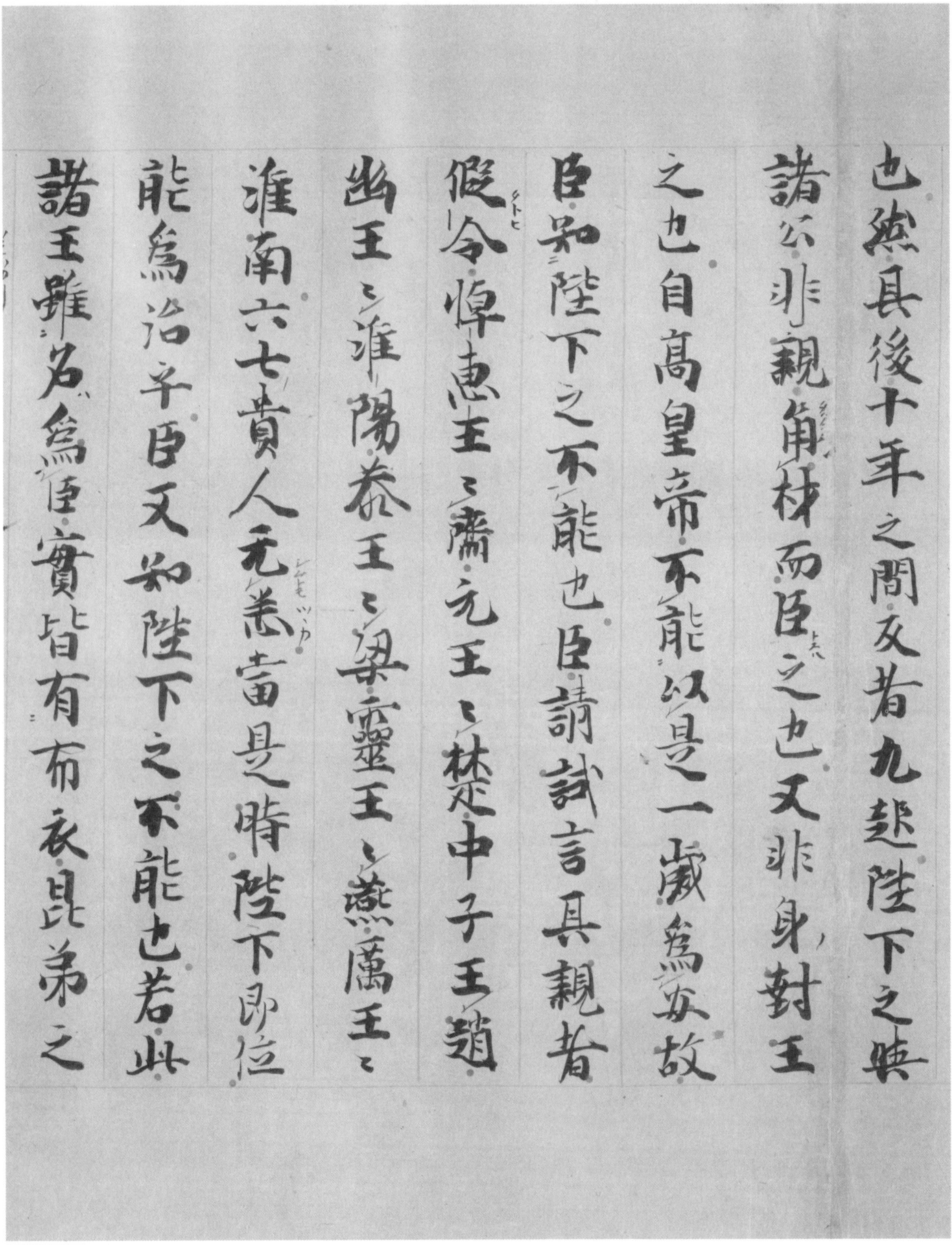
也然其後十年之間反者九起陛下之與
諸公非親角材而臣之也又非身封王
之也自高皇帝不能以是一歲爲安故
臣知陛下之不能也臣請試言其親者
假令悼惠王〻齊元王〻楚中子王趙
幽王〻淮陽恭王〻梁靈王〻燕厲王〻
淮南六七貴人無恙當是時陛下即位
能爲治乎臣又知陛下之不能也若與
諸王雖名爲臣實皆有布衣昆弟之

諸王雖名爲臣實皆有布衣昆弟之
心慮無不帝制而天子自爲者擅爵人
赦死罪甚者或戴黄屋令不肯聽召
之安可致乎幸而來至法安可得加動
一親戚天下圜視而起陛下之臣雖有悍
如馮敬者（爲御史大夫奏淮南厲王誅也）適啓其口匕首已陷
其匈矣陛下雖賢誰與領此故疏者必危
親者必亂已然之效也其異姓負彊而
動者漢已幸而勝之矣又不易其所以

動者漢已幸而勝之矣又不易其所以
然同姓襲是跡而動既有徵矣殃禍之
變未知所移明帝處之尚不能以安後世
將如之何屠牛坦一朝解十二牛而芒刃
不頓者所排擊剝割皆衆理解也至於
髖髀之所非斤則斧夫仁義恩厚人主
之芒刃也權勢法制人主之斤斧也今諸
侯王皆衆髖髀也釋斤斧之用而欲嬰以
芒刃以為不缺則折胡不用之淮南濟北

【第十一紙】

芒刃以為不缺則折胡不用之淮南濟北二國皆反誅何不施及仁恩勢不可故也勢不可也臣竊跡前事大抵彊者先反淮陰王楚最彊則最先反韓信倚胡則又反貫高因趙資則又反陳豨兵精則又反彭越用則又反黥布用淮南則又反盧綰最弱最後反長沙迺在二萬數千戶耳功少而最完勢疏而最忠非獨性異人亦形勢然也曩令樊酈絳灌據數十城而王今雖以殘亡可也令

酈絳灌據數十城而王今雖以殘亡可也令
信越之倫列為徹侯而居雖至今存可
然則天下之大計可知也欲諸王之皆
忠附則莫若令如長沙王欲臣子之勿
菹醢則莫若令如樊酈等欲天下之
治安莫若衆建諸侯而少其力力少則
易使義國小則無邪心令海内之勢如
身之使臂臂之使指莫不制從諸侯
之君不敢有異心雖在細民且知其安

之君下敢有異心雖在細民且知其安
故天下咸知陛下之明割地定制令齊
趙楚各為若干國使其子孫各受祖之
分地地盡而止及燕梁他國皆然其分地
衆而子孫少者建以為國空而置之須其
子孫生者舉使君之天子無所利焉誠
以定治而已故天下咸知陛下之廉地制壹
定宗室子孫慮莫不王下無背叛之心上
無誅伐之志天下咸知陛下之仁法立而

【第十二紙】

與誅伐之志天下咸知陛下之仁法立而
不犯令行而不逆細民向善大臣致順故
天下咸知陛下之義當時大治後世誦
聖陛下雖懼而久不為此天下之勢方
病大瘇 腫足曰瘇 一脛之大幾如要一指之大
幾如股平居不可屈伸矣今不治必為
錮疾後雖有扁鵲不能為已可痛哭
者此病是也天下之勢方倒懸凡天
子者天
下之首也蠻夷者天下之足也今匈奴

子者天

下之首也蠻夷者天下之足也今匈奴
嫚侮侵掠至不敬也爲天下患至亡已
也而漢歲致金絮繒采以奉之足反
居上首顧居下倒縣如此莫之能解猶
爲國有人乎可爲流涕者此也今民
賣僮者僮謂隸妾爲之繡衣絲履偏諸緣
內之閑中閑賣奴婢闌也是古天子后服所以廟
而不宴者也而庶人得以衣婢妾白縠之
表薄紈之裏緁以偏諸是古天子之服

表薄紈之裏緁以偏諸是古天子之服也今富人大賈嘉會召客者以被墻古者以奉一帝一后而節適今庶人屋壁得爲帝服倡優下賤得爲后飾然而天下屈不者殆未有也夫俗至大不敬也至無等也至冒上也進計者猶曰無爲可爲長太息者此也商君遺禮義弃仁恩并心放於進取秦俗日敗故秦人家富子壯則出分家貧子壯則出贅出作贅智借

【第十三紙】

子壯則出分家貧子壯則出贅出作贅智借
父耰鉏慮有德色假異文鉏而色之母取箕帚
立而誶語誶獨買也抱哺其子與公倨併其慈
子嗜利不同禽獸者無幾耳然心而赴
時者猶曰蹷六國兼天下功成求得矣
終不知反廉愧之節仁義之厚衆掩寡
知敢愚勇威怯壯凌衰其乱至矣是以
大賢起之威震海内意從天下畢之為
秦者今轉而為漢矣然其遺風餘俗猶

秦者今轉而為漢矣然其遺風餘俗猶尚未改今世以侈靡相競而上無制度弃禮誼捐廉恥甚甚者殺父兄盜者剟寢戶之簾剟取也搴兩廟之器搴取也兩廟高祖惠帝廟也白晝大都之中剽吏而奪之金矯偽者出幾十萬石粟吏矯偽徵發盜出十萬石粟賦六百餘萬錢乘傳而行郡國此其（無）行義之尤至者也而大臣特以簿書不報期會之間以為大故至於俗流失世壞敗因

會之間以爲入故至於俗流失世壞敗因
恬而怪夫移風易俗使天下回心而向道
類非俗吏之所能爲也俗吏之所務在於
刀筆筐篋而不知大體陛下又不自憂竊
爲陛下惜之夫立君臣等上下使父子有
序六親有紀父母兄弟妻子此非天之所爲人之所
設不爲不立不植則僵不修則壞管子曰
禮義廉恥是謂四維四維不張不乃滅
亡使筦子愚人也則可筦子而少知治體

【第十四紙】

亡使箕子愚人也則可箕子而少知治體
則是豈可不為寒心哉秦滅四維而不張
故君子乖亂六親殃戮姦人並起萬民
離叛九十三歲而社稷為墟今四維猶
未備也故姦人幸而衆心疑惑豈
如今定經制令君臣君臣上下有差父
子六親各得其宜姦人無所幸此業
壹定世世常安若夫經制不定是猶渡
江河無維楫中流而遇風波舡必覆矣

江河無維檝中流而遇風波舩必覆矣
可為長太息者此也夏為天子十有餘
世殷為天子廿餘世周為天子卅餘世
秦為天子二世而亡人性不甚相遠也
何三代之君有道之長而秦無道之
暴也其故可知也古之王者太子廼生
固舉以禮使士負之有司齊肅端冕
見于天也過闕則下過廟則趨孝子
之道也故自為赤子而教固已行矣昔

之道也故自為赤子而教固已行矣昔者成王幼在襁緥之中召公為太保周公為太傅太公為太師保〻其身體傅〻之悳義師導之教訓此三公職也於是為置三少保少傅少師是與太子宴者也故迺孩提有識三公三少明孝仁禮義以導習之逐去邪人不使見惡行於是皆選天下之端士孝悌博聞有道術者以衛翼之使與太子居處出入

【第十五紙】

道術者以衛翼之使與太子居處出入
故太子迺生而見正事聞正言行正道左
右前後皆正人也夫習與正人居之不能
無正猶生長楚之鄉不能不楚言也孔子
曰少成若性習貫如自然及太子既冠成
人免於保傅之嚴則有記過之史徹
膳之宰進善之旌誹謗之木敢諫之
鼓瞽史誦詩工誦箴諫大夫進謀士
傳民語習與知長故切而不媿化與

傅民語習與知長故切而不媿化與
心成故中道若性春秋入學坐國老
執醬而親餽之所以明有孝也行以鸞
和(鸞在衡和在軾)步中采齊趨中肆夏(計樂也步
則歌之以中節)所以明有度也其於禽獸見其
生不食其死聞其聲不食其肉故遠
庖廚所以長恩且明有仁也夫三代之
所以長久者以其輔翼太子有此具也
至秦而不然其俗固非貴辭讓也所上

至秦而不然其俗固非貴辭讓也所上
者告訐也固非貴禮義也所上者刑罰
也使趙高傅胡亥而教之獄所習者非
斬劓人則夷人之三族也胡亥今日即
位而明日射人忠諫者謂之誹謗深計
者謂之妖言其視殺人若刈草菅然豈
唯胡亥之性惡哉彼其所以導之者
非其理故也鄙諺曰不習為吏視已成
事又曰前車覆後車誡夫三代之所

【第十六紙】

事又曰前車覆後車誡夫三代之所
以長久者其已事可知也夫存亡之變
治亂之機其要在是矣夫天下之命
縣於太〻子〻之善在於早諭教與選左
右夫心未濫而先諭教則化易成也開
於道術智誼之指則教之力也若其服
習積貫（貫習也）則左右而已臣故曰選左右
早諭教最急夫教得而左右正則太子
正矣太子正而天下定矣若夫慶賞以勸

正矣太子正而天下定矣若夫慶賞以勸
善刑罰以徵惡先王執此之政堅如金石
行此之令信如四時據此之公無私如天地
豈顧不用哉孔子曰聽訟吾猶人也必也
使無訟乎為人主計者莫如先審取舍
取舍之極定於內而安危之萌應於外矣
安者非一日而安也危者非一日危也皆以
積〔漸〕然不可不察也人主之所積在其取舍
以禮義治之者積禮〔義〕以刑罰治之者積

以禮義治之者積禮義以刑罰治之者積
刑〻罰〻積而民怨背禮義積而民和
親故世主欲民之善同而所以使民善
者或異或導之以德教或驅之以法令
導之以德教德教洽而民氣樂驅之以
法令者法令極而民風哀〻樂之感禍
福之應也秦王之欲尊宗廟而安子孫
與湯武同然而湯武廣大其德行六七
百歲而弗失秦王治天下十餘歲則大

【第十七紙】

百歲而弗失秦王持天下十餘歲則大
敗此无他故矣湯武之定取舍審而
秦王之定取舍不審也夫天下大器今
人之置器置諸安處則安置諸危處
則危天下之情與器无以異在天子之
所置之湯武置天下於仁義礼樂而德
澤洽禽獸草木廣裕德被子孫數十世
此天下所共聞也秦王置天下於法令刑
罰德澤無一有而怨毒盈於世人憎悪

罰德澤無一有而怨毒盈於世人憎惡
之如仇讎禍幾及身子孫誅絕此天
下之所共見也是非其明效大驗邪人
之言曰聽言之道必以其事觀之則言
者莫敢妄言今或言禮誼之不如法
令教化之不如法令教化之不如刑罰
人主胡不引殷周秦事以觀之也人主
之尊譬如堂群臣如陛衆庶如地故
古者聖王制為等列內有公卿大夫士外

昔聖王制為等列内有公卿大夫士外
有公侯伯子男等級分明而天子加
故其尊不可及也鄙諺曰欲投鼠近器
尚憚不投恐傷其器況貴臣之近主乎
廉恥禮節以治君子故有賜死而無
戮辱是以黥劓之辠不及大夫顧其
離主上遠也君之寵臣雖或有過刑戮
之罪不加其身者尊君敬也所以體貌
大臣而厲其節也今自王侯三公之貴皆

【第十八紙】

大臣而厲其節也今自王侯三公之貴皆
天子之所改容而禮之古天子之所謂
伯父伯舅也而令與衆庶同黥劓髡刖笞
傌弃市之法然則堂不无陛乎被戮辱
者不泰迫乎廉恥不行大臣无迺握重權
大官而有徒隸无恥之心乎今而過帝
令廢之可也退之可也賜之死可也滅之
可也若夫束縛之係緤之輸之司寇編之
徒官司寇小吏詈罵而榜笞之殆非所以

徒官司寇小吏詈罵而榜笞之殆非所以
令衆庶見也夫天子之所嘗敬衆庶之所
嘗寵死耳賤人安得如此而頓辱之哉故
主上遇其大臣如遇犬馬彼將犬馬自爲
也如遇官徒彼將官徒自爲也故古者
禮不及庶人刑不上大夫所以厲寵臣之
節也其有大罪者聞命則北面再拜跪
而自裁上不使人捽抑而刑之也曰子大夫
自有過耳吾遇子有禮矣遇之有禮故

自有過而吾過之有禮矣過之有禮故
群臣自吾嬰以廉恥故人矜以節行也
設廉恥禮義以遇其臣而臣不以節行
報其上者則非人類也故爲人臣者利不
苟就害不苟去唯義所在上之化也故父兄
之臣誠死宗廟法度之臣誠死社稷輔翼
之臣誠死君子上守圄扞敵之臣誠死城
郭封疆故曰聖人有金城者比物此志也
比謂比方使忠臣以死社稷之志比於金城彼且爲我死故吾得與

【第十九紙】

比謂比方使忠臣以死社稷之志比於金城彼且為我死故吾得與之俱生彼且為我亡故吾得與之俱存為我危故吾得與之皆安顧行而忘利守節而伏義故可以託不御之權可以寄六尺之孤此厲廉恥行禮誼之所致也主上何喪焉此之不為而顧彼之久行彼也國也故曰可為長太息者此也

爰盎字絲楚人也孝文時為中郎將從霸陵上欲西馳下峻阪盎攬轡上曰將軍

覇陵上欲西馳下峻阪盎攬轡上曰将軍
怯邪盎曰臣聞千金子不垂堂百金子不
騎衡也騎倚聖主不乗危不徼幸今陛下
騁六飛六馬之疾若飛也馳不測山有如馬驚車
敗陛下縦自軽奈高廟太后何上乃止上
幸上林皇后慎夫人従其在禁中常同坐
及坐郎署盎却慎夫人坐慎夫人怒不
肯坐上亦怒起盎因前説曰臣聞尊卑有
序則上下和今陛下既已立后慎夫人迺妾

序則上下和今陛下既已立后慎夫人迺妾
妾主豈可以同坐哉且陛下幸之則厚賜
之陛下所以為慎夫人適所以禍之也獨不
見人彘乎戚夫人也於是上迺悅入語慎夫人
賜盎金五十斤然盎亦以數直諫不得久
居中調為隴西都尉調選也仁愛士卒皆
爭為死
晁錯潁川人也以文學為太子家令是
時匈奴彊數寇邊上發兵以禦之錯上

【第二十紙】

將匈奴彊數寇邊上發兵以禦之錯上
言兵事曰臣聞兵法有必勝之將由此觀
之安邊境立功名在於良將不可不擇
也臣又聞用兵臨戰合刃之急者三一曰
得地形二曰卒服習三曰器用利兵法曰
丈五之溝漸車之水山林積石經川丘
阜草木所在此步兵之地車騎二不當
一土山丘陵曼衍相屬平原廣野此車
騎之地也步兵十不當一平陵相遠川谷閒仰

騎之也步兵十不當一平陵相遠川谷閒仰高臨下此弓弩之地也短兵百不當一兩陳相近平地淺草可前可後此長戟之地也劍楯三不當一萑葦竹蕭草木蒙蘢支葉茂接此矛鋋之地也長戟二不當一曲道相伏險陿相薄此劍楯之地弓弩三不當一士不選練卒不服習起居不精動靜不集趨利弗及避難不畢前擊後解與金鼓之指相失此不習勒卒之過百

與解金鼓之指相失此不習勒卒之過百
不當十兵不完利與空手同甲不堅密
與袒裼同弩不可以及遠與短兵（祖裼 内但）
同射不能中與（無）失同中不能入與無鏃同
此將不省兵之禍也五不當一故兵法曰
器械不利以其卒與敵也卒不可用以
其將與敵也君不擇將以其國與敵也
四者兵之至要也臣也又聞小大異形強
弱異勢險易異備夫卑身以事強小

【第二十一紙】

弱異勢險易異備夫卑身以事彊小
國之形也合小攻大敵國之形也以蠻夷
攻蠻夷中國之形也今匈奴地形伎藝
與中國異上下山阪出入溪澗中國之馬
弗與也險道傾側且馳且射中國之騎弗
與也風雨疲勞飢渴不困中國之人弗與
也此匈奴之長技也若夫平原易地輕
車突騎則匈奴之衆易撓亂也勁弩
長戟射疏及遠則匈奴之弓弗能格

長戟射疏及遠則匈奴之弓弗能格
也堅甲利刃長短相雜遊弩往來什
伍俱前則匈奴之兵弗能當也材官騶
發矢道同的材官騎射之官也射者騶發其用矢者同中一的言其工妙則
匈奴之革木薦革笥以皮作如鎧也弗能支也下馬
地鬬劍戟交接去就相薄則匈奴之足
弗能給也此中國之長技也以此觀之匈
奴之長技三中國之長技五陛下又興
數十萬之衆以誅數萬之匈奴衆寡之

數十萬之衆以誅數萬之匈奴衆寡之計以一擊十之術也雖然兵凶器戰危事也以大為小以彊為弱在俛仰之間耳夫以人死爭勝跌而不振（跪跌不千役也）則悔之無及也帝王之道出於萬全今降胡義渠蠻夷之屬來歸義者其衆數千飲食長枝與匈奴同可賜之堅甲絮衣勁弓利矢益以邊郡之良騎令明將能知其習俗和輯其心者將之即有險阻以此當之平地

【第二十二紙】

擊其心者將之即有險阻以此當之平地
通道則以輕車材官制之兩軍相表裏
各用其長技衡加之衆此萬全之術也文
帝嘉之乃賜錯璽書寵荅焉錯復言
守邊備塞勸農力本當世急務二事曰
臣竊聞秦時北攻胡貉築塞河上南攻
楊粵（楊粵之南越也）置戍卒焉其起兵而攻胡
越者非以衛邊地而救民死也貪戾而
欲廣大也故功未立而天下亂且夫起兵

欲廣地也故功未立而天下乱且夫起兵
而不知其勢戰則人禽屯則卒積死夫
胡貉之地積陰之處也其性能寒楊越
之地少陰多陽其性能暑秦之戍卒不
能其水土戍者死於邊輸者僨於道　僨作
也秦民見行如往棄市因以讁發之名
曰讁戍發之不順行者深怨有背叛
之心凡民守戰至死而不降北者以計為
之也故戰勝守固則有拜爵之攻城屠

之也故戰勝守固則有拜爵之攻城居邑則得其財鹵以富家室故能使其衆矢石赴湯火視死如生今秦之發卒也有萬死之害而无銖兩之報死事之後不得一筭之復天下明知其福烈及己也陳勝行戍至於大澤爲天下先唱天下從之如流水者秦以威劫而行之弊也胡人衣食之業不著於地其勢易擾亂邊境如飛鳥走獸放於廣野美草甘水則止

【第二十三紙】

飛鳥走獸於廣野美草甘水則止草盡水竭則移以是觀之往來轉徙時去此胡人生業而中國之所以離南畝也今使胡人數處轉牧行獵於塞下或當燕代或當上郡北地隴西以候備塞之卒卒少則入陛下不救則邊民絕望而有降敵之心少發則不足多發遠縣纔至胡又已去聚而不罷為費甚大罷之則胡復入如此連年則中國貧苦而民不安矣陛

入如此連年則中國貧苦而民不安矣陛
下幸憂邊境遣將吏發卒以治塞甚大
惠也然令遠方之卒守塞一歲而更不知
胡人之能不如選常居者家室田作且以
備之便為之高城深塹先為室屋具田
器迺募罪人令居之不足募以丁奴婢贖
罪及輸奴婢欲以拜爵者不足迺募民
之欲者皆賜高爵復其家與冬夏衣
稟食能自給而止其無夫若妻者縣官

稟食能自給而止其無夫若妻者縣官
買與之人情非有匹不能久安其處塞下
之民祿利之不厚不可使久居危難之地
胡人入驅而能止其所驅者以其半與之（謂胡
人驅物中國能奪得之者以半與之也）縣官為贖（得漢人官為贖也）其民
如是則邑里相救助赴胡不避死非以德
上也欲全親戚而利其財也此與東方之戍
卒（東方諸郡次當戍邊也）不習地勢而心畏胡者功相
萬也以陛下之時徙民實邊使遠方無

【第二十四紙】

萬也以陛下之時徙民實邊使遠方無
屯戍之事塞下之民父子相保無係虜之
患利施後世名稱聖明其與秦之行怨
民相去遠矣上從其言募民徙塞下錯復
言陛下幸募民相徙實塞下使屯戍之
事益省甚大惠也使先至者安樂而不思
故鄉則貧民相募而勸往矣臣聞古之
徙遠方以實廣虛也相其陰陽之和嘗其
水泉之味審其土地之宜觀其草木之饒

水泉之味審其土地之宜觀其草木之饒
然後營邑立城制里割宅通田作之道正
阡陌之界先築室家置器物焉民至有所
居作有所用此民所以輕去鄉而勸之新邑
也為置醫巫以救疾病生死相卹墳墓
相從此所以使民樂其處而有長居之心
也擇其邑之賢材習地形知民心者居則
習民於射法出則教民於應敵故卒伍成
於內則軍正定於外服習已成勿令遷

於内則軍正定於外服習已成勿令遷
徙幼則同遊長則共事夜戰聲相知則
足相救晝戰目相見則足以相識歡愛
心足以相如死此而勸以厚賞威以重、
罰則前死不還踵矣文帝詔舉賢良
文學之士錯在選中以親策詔之曰昔
者大禹勤求賢士施及方外近者獻其
明遠者通厥聰比善戮力以翼天子是
以大禹能無失德故詔有司選賢良明

【第二十五紙】

以大爲能無失德故詔有司選賢良明
於國家之大體通於人事之終始及能
直言極諫者將以匡朕之不逮永惟朕
之不德吏之不平政之不宣民之不寧四
者之闕悉陳其志無有所隱錯對證策曰
通於人事終始愚臣竊以古之三五臣主
俱賢故合謀相輔計安天下莫不本於人
情人情莫不欲壽三王生而不傷也人情莫
不欲富三王厚而不困也人情莫不欲安

不欲富三王厚而不困也人情莫不欲安
三王扶而不危也人情莫不欲逸三王節
其力而不盡也其為法令也合於人情而
後行之其動衆使民也本於人事然後
為之取人以己内恕及人情之所惡不以彊
人情之所欲不以禁民是以天下樂其政
而歸其德望之若父母從之若流水百姓
和親國家安寧名位不失施及後世此明
於人情終始之功也詔策曰吏不平政之不

於人情終始之功也詔策曰吏不平政之不
宣〻以之不章愚臣竊以秦事明之臣聞
秦始并天下之時其主不及三王而臣不及
其佐然功力不迨者何也地形便財用足
民利戰其所與並者六國〻〻者臣主皆
不肖謀不輯〻以不用故當此之時秦最富
彊夫國富彊而鄰國乱者帝王之資也
故秦能兼六國立為天子當此之時三王
之功不能進焉及其末塗之衰也任不肖

之功不能進焉及其未塗之衰也任不肖
而信讒賊宮室過度耆慾無極以力疲
盡賦斂不節矜奮自賢羣臣惡諫（惡樓發陷
禍而諫以求自令）驕溢縱恣不顧患福妄賞以隨
喜意妄誅以快怒心法令煩惜刑罰暴
酷輕絶人命天下寒心莫安其處姦邪
之吏乘其亂法以成其威獄官主斷生殺
自恣上下亦鮮各自爲制秦怡亂之時吏
之所先侵者富人吏家也及其末塗所侵

之所免侯者富人吏家也及其末塗所侯
者宗室大臣也是故親疏皆危外內咸怨
離散逋逃人有走心陳勝先唱天下大潰
絶祀亡世為異姓福此吏不平政不宣民
不寧之禍也對奏天子善之遷太中大
夫錯以諸侯彊大請削之後吳楚反會
竇嬰言爰盎詔召入見上問曰計安出盎
對曰吳楚相遺書言高皇帝王子弟各
有分地今賊臣鼂錯擅謫諸侯削奪之

有分地今賊臣鼂錯擅謫諸侯削奪之地以故反名為西共誅錯復故地而罷方今計獨有斬錯發使赦吳楚七國復其故地則兵可無血刃而俱罷於是上默、然良久曰顧誠何如吾不愛一人謝天下也後十餘日遣使中尉召錯紿載行市錯衣朝衣斬東市錯已死謁者僕射鄧公為校尉擊吳楚還上書言軍事上問曰聞鼂錯死吳楚罷不也鄧公曰吳為反數十歳

【第二十七紙】

鼂錯死吳楚罷不也鄧公曰吳為反數十歲
矣發怒削地以誅錯為名其意不在錯也
且臣恐天下之士拑口不敢復言矣上曰何
哉鄧公曰夫鼂錯患諸侯彊大不可制故
請削之以尊京師萬世之利也計畫始
行卒被大戮内杜忠臣之口外為諸侯
報仇臣竊為陛下不取也於是景帝
喟然長息曰公言善吾亦恨之

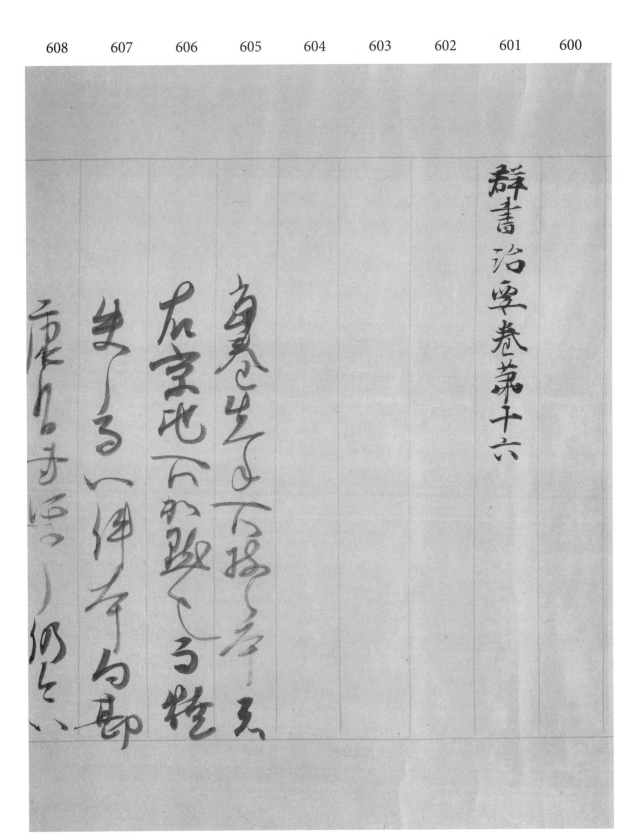

群書治要巻第十六

[illegible]

[illegible]

[illegible]

[illegible]

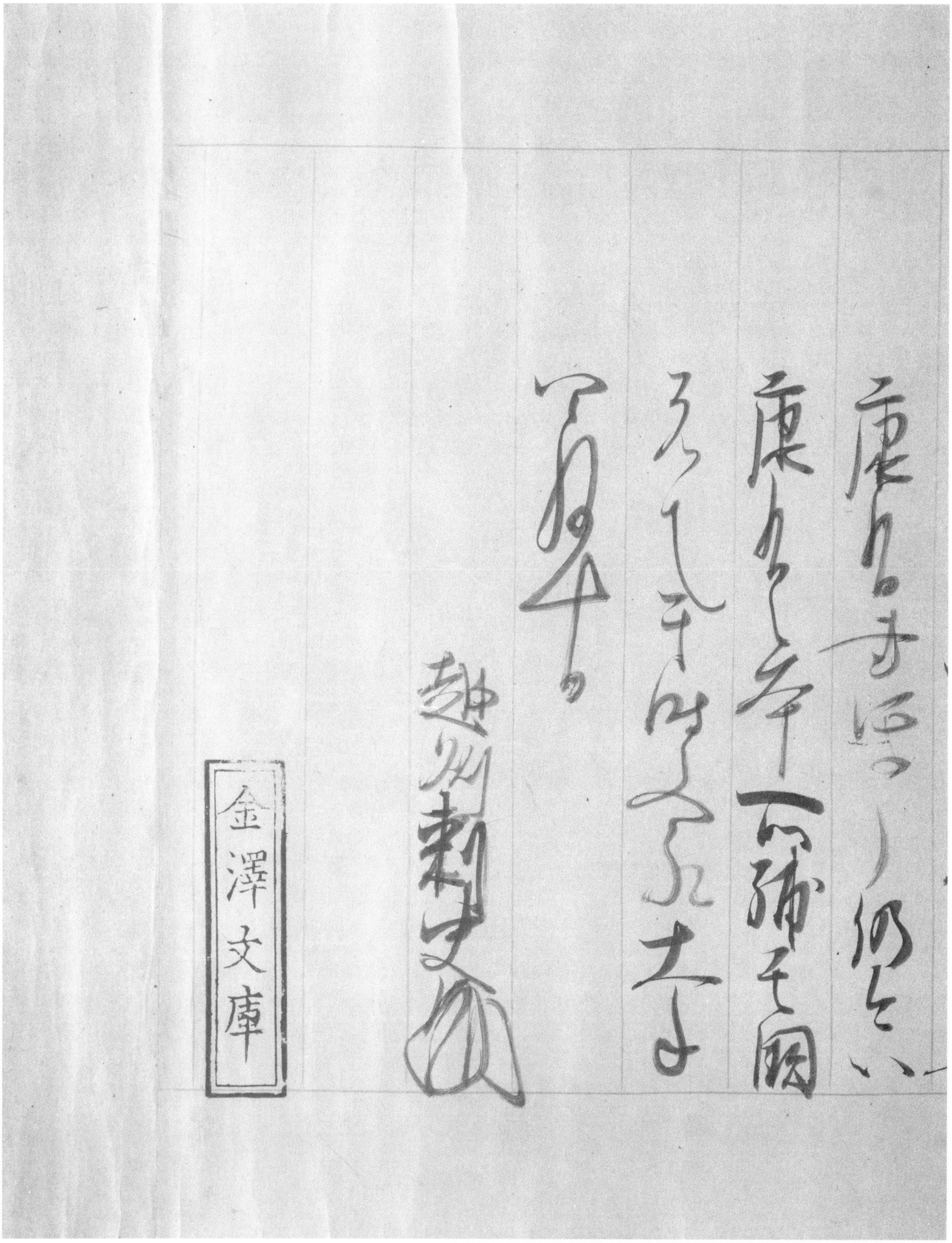
金澤文庫

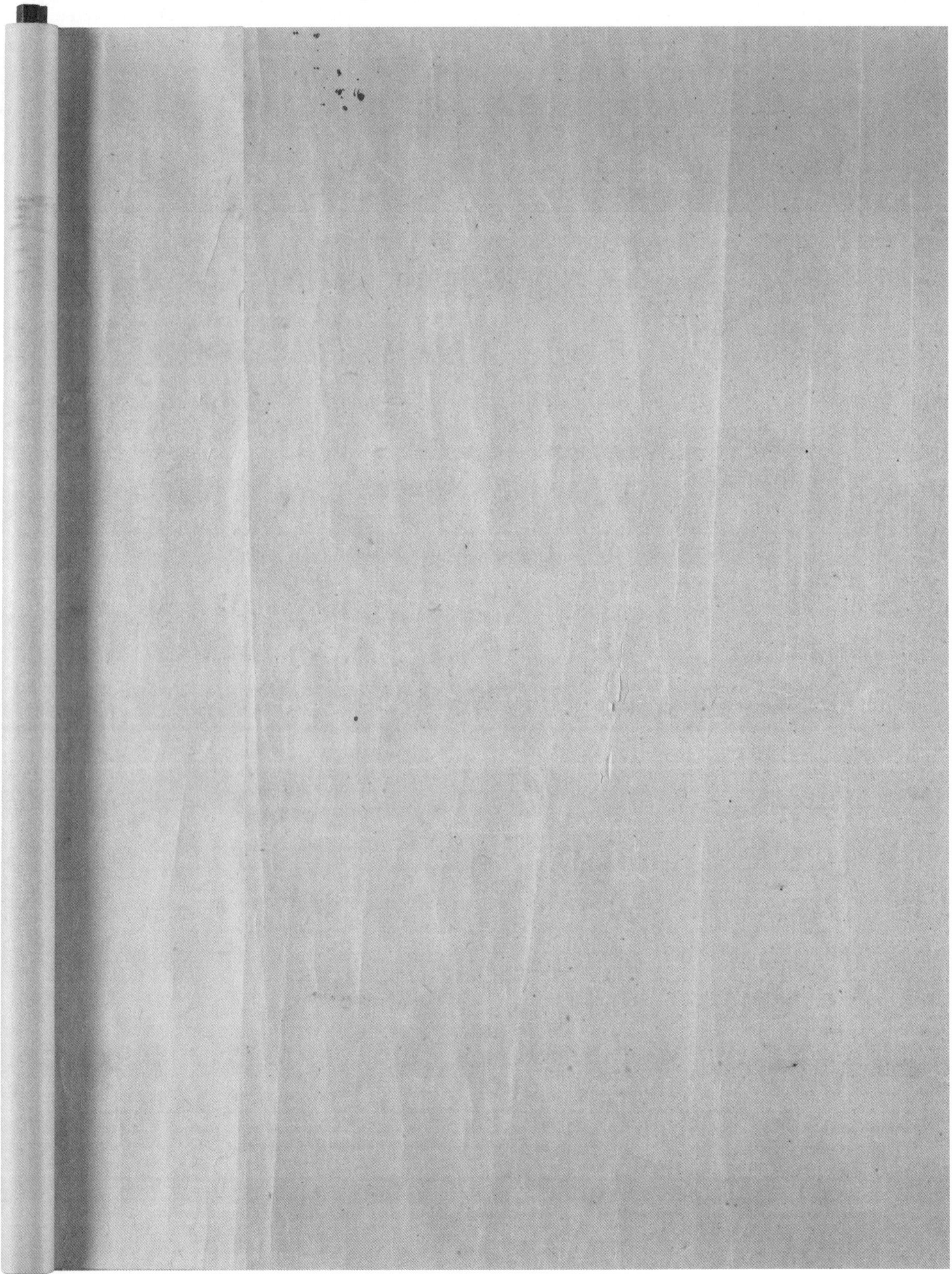

羣書治要十七
圖書寮
番號 117
冊數 48
函號 特 3

群書治要卷第十七　秘書監鉅鹿男臣魏徵等奉勅撰

漢書五　傳

張釋之字季南陽人也以貲爲郎事文
帝十年不得調欲免歸中郎將爰盎知
其賢惜其去乃請徙釋之補謁者釋之
既朝畢因前言便宜事文帝稱善拜釋
之爲謁者僕射從行登虎圈上林尉禽
獸簿十餘問尉左右視盡不能對虎圈

獸簿十餘問尉左右視盡不能對虎圈嗇夫從傍代尉上所問禽獸簿甚悉欲以觀其能口對響應無窮者文帝曰吏不當如此耶詔拜嗇夫爲上林令釋之前曰陛下以絳侯周勃何人也上曰長者又復問東陽侯張相如何人也上復曰長者釋之曰夫絳侯東陽侯稱爲長者此兩人言事曽不能出口豈斆嗇夫喋喋利口捷給哉且秦以任刀筆之吏

【第二紙】

喋喋利口捷給哉且秦以任刀筆之吏
爭以亟疾苛察相高其弊徒文具無惻
隱之實以故不聞其過陵夷至於二世
天下土崩今陛下以嗇夫口辯而超遷
之臣恐天下隨風靡爭口辯無其實且
下之化上疾於景嚮舉措不可不察也
文帝曰善迺止不從行至霸陵上顧謂羣
臣曰嗟乎以北山石為椁用紵絮斮陳
漆其間豈可動哉左右皆曰善釋之前

漆其閒豈可動哉左右皆曰善釋之前
曰使其中有可欲雖錮南山猶有隙使
其中無可欲雖無石槨又何戚焉文帝
稱善其後拜釋之爲廷尉頃之上行出
中渭橋（在橋兩岸之中也）有一人從橋下走乘
輿馬驚於是使騎捕屬廷尉釋之奏當
此人犯蹕（蹕止行人）當罰金上怒曰此人親
驚吾馬〻賴和柔令他馬固不敗傷我
乎而廷尉迺當之罰金釋之曰法者天

平而廷尉廼當之罰金釋之曰法者天
子所與天下公共也今法如是更重之
是法不信於民也且方其時上使使誅
之則已今已下廷尉廷尉天下之平也
壹傾天下用法皆爲之輕重民安所措
其手足唯陛下察之良久曰廷尉當是
也其後人有盜高廟坐前玉環得文帝
怒下廷尉治奏當棄市大怒曰人無道
廼盜先帝器吾屬廷尉者欲致族之而

【第三紙】

迺盜先帝器吾屬廷尉者欲致族之而
君以法奏之非吾所以恭承宗廟意也
釋之曰如是足矣且罪等（俱死罪也盜玉環不若盜
長陵土之逆也）然以逆順爲基今盜宗廟器而
族之假令愚民取長陵一抔土（不欲指言故以
取土喻也）陛下且何以加其法乎乃許廷尉
當馮唐趙人也以孝著爲郎中署長事
文帝輦過問唐曰父老何自爲郎家安
在具以實言曰吾居代時吾尚食監高

在其以實言曰吾居代時吾尚食監高袪數爲我言趙將李齊之賢戰於鉅鹿下吾每飲食意未嘗不在鉅鹿也每食念監所說李齊在鉅鹿時也父知之乎唐對曰尚不如廉頗李牧上曰嗟乎吾獨得不廉頗李牧時爲將豈憂匈奴哉唐曰陛下雖有頗牧不能用也上怒起入禁中良久召唐復問曰公何以言不吾能用頗牧也對曰臣聞上古王者遣將也跪而推轂

對曰臣聞上古王者遣將也跪而推轂曰閫以內寡人制之閫以外將軍制之門中橛爲閫也軍功爵賞皆決於外歸而奏之此非空言也李牧之爲趙將居邊軍市之租皆自用饗士賞賜決於外不從中覆也委任而責成功故李牧乃得盡其智能是以北逐單于破東胡滅澹林胡名也西抑彊秦南支韓魏今臣竊聞魏尚爲雲中守軍市租盡以給士卒出私養

【第四紙】

爲雲中守軍市租盡以給士卒出私養
錢五日壹殺牛以饗賓客軍吏舍人是
以匈奴遠避不近雲中之塞虜嘗壹入
尚師車騎擊之所殺甚衆上功莫府一
言不相應文吏以法繩之其賞不行愚
以爲陛下法太明賞太重且魏尚坐上
功首虜差六級陛下下之吏削其爵罰
作之由此言之陛下雖得頗牧不能用
也臣誠愚觸忌諱死罪文帝悅是日令

也臣誠愚竊忌諱死罪文帝悅是日令
唐持節赦魏尚復以爲雲中守而拜唐
爲車騎都尉
荀悅紀論曰以孝文之明
本朝之治百寮之賢而貫
誼見排逐張釋之十年不見省馮唐皓
首屈於郎署豈不惜哉夫以絳侯之忠
功在社稷而由見疑不亦痛乎夫知賢
之寡用人之不易忠臣自固之難在明
世且由若茲而况亂女闇君者乎然則
屈原赴於汨羅子胥鴟夷於江矣安足
恨哉周勃質樸忠誠高祖知之以爲安
劉氏者勃也既定漢室建立明主眷眷
之心豈有已哉狼狽失據喟然曰歎俛
首樹襟屈於獄吏可不愍哉夫忠臣之
於其主由孝之於其親也盡心焉盡力
焉進而喜非貪位也退而憂非懷寵也

於其主由孝之於其親也盡心焉盡力
焉進而喜非貪位也退而憂非懷寵也
忠結於心戀慕不也進得及時樂行其
道也故仲尼去魯遲遲吾行也蓋軻去齊
三宿而後出蓋彼誠仁聖之心也夫賈
誼過湘水弔屈原惻愴動懷豈徒忿怨
而已哉与夫苟患失之者異律殊意矣
及其傳梁王哭泣而從之死豈可謂非
至忠乎然而人主不察豈不哀哉及釋
之屈而思歸馮唐困而後達又可懷矣
此忠臣所以泣而隕指所以傷心也
汲黯字長孺濮陽人
也爲人正直以嚴見憚武帝以爲中大
夫以數切諫不得不得久留內遷爲東
海太守黯學黃老言治民好清靜責大

【第五紙】

海太守黯學黄老言治民好清靜責大
指而不苛黯多病臥閤內不出歲餘東
海大治召爲主爵都尉治務在无爲而
已引大體不拘文法上曰汲黯何如人
也嚴助曰使黯任職居官无以愈人然
至其輔少主雖自謂賁育弗能奪也上
曰然古有社稷之臣至如汲黯近之矣
大將軍青侍中上踞廁視之（廁謂牀邊踞牀視之）
丞相弘宴見上或時不冠至如見黯不

丞相加宴見上或時不冠至如見黯不
冠不見也嘗坐武帳黯前奏事上不冠
望見黯避帳中使人可其奏其見敬禮
如此張湯以更定律令為廷尉黯質責
湯於上前曰公為正卿上不能襃先帝
之功業下不能化天下之邪心安國富
民使囹圄空虛何空取高皇帝約束紛
更之為紛亂也而公以此無種矣黯時與
湯論議湯辯常在文深小苛黯憤發罵

湯論議湯辯常在文深小苛黯憤發罵
曰天下謂刀筆吏不可以爲公卿果然
必湯也令天下重足而立側目而視矣
賈山潁川人也孝文時言治亂之道借
秦爲諭名曰至言其辭曰夫布衣韋
帶之士脩身於内成名於外而使後世
不絶息至秦則不然貴爲天子富有天
下賦斂重數赭衣半道群盜滿山使天下
之人戴目而視傾耳而聽一夫大呼天

之人戴目而視傾耳而聽一夫大呼天
下響應非徒如此也又起咸陽而西至
雍離宮三百鍾鼓帷帳不移而具又為
阿房之殿殿高數十仞東西五里南北
千步從車羅騎四馬鶩馳旌旗不橈為
宮室之麗至於此使其後世曾不得聚
廬而託處焉為馳道於天下東窮燕齊

【第六紙】

南極吳楚道廣五十步厚築其外隱以
金椎作壁如甬道隱築也以鐵椎築之也樹以青松為馳

金椎（作壁如甬道隱築也以鐵推築之也）樹以青松爲馳道之麗至於此使其後世曾不得邪徑而託足焉死葬乎驪山吏徒數十萬人曠日十年下徹三泉冶銅其內漆塗其外被以珠玉飾以翡翠中成觀游上成山林爲葬埋之侈至於此使其後世曾不得蓬顆蔽冢而託葬焉（蓬顆循裸〻小冢）秦以能罷之力虎狼之心蠶食諸侯并吞海內而不篤禮義故天殃已加矣臣昧

海内而不篤禮義故天殃已加矣臣昧
死以聞願陛下少留意而詳擇中臣聞
忠臣之事君也言切直則不用其身危
不切直則不可以明道故切直之言明
主所欲急聞忠臣之所以蒙死而而竭
智也地之磽者雖有善種不能生焉江
皐河瀕雖有惡種无不猥大故地之美
者善養禾君之仁者善養士雷霆之所
擊無不摧折者萬鈞之所壓無不糜滅

【第七紙】

擊無不摧折者萬鈞之所壓無不糜滅者今人主之威非特雷霆勢重非特萬鈞也開道而求諫和顏色而受之用其言而顯其身士猶恐懼而不敢自盡又迺況於縱欲恣行暴虐惡聞其過乎震之以威壓之以重則雖有堯舜之智孟賁之勇豈有不摧折者哉如此則人主不得聞其過失矣弗聞則社稷危矣古者聖王之制史在前書過失工誦箴諫

者聖王之制史在前書過失工誦箴諫
庶人謗於道商旅議於市然後君得聞
其過失而改之見義而從之所以永有
天下也天子之尊四海之内其義莫不
爲臣然而養三老於大學舉賢以自輔
弼求脩正之士使直諫故尊養三老
示孝也立輔弼之臣者恐驕也置直諫
之士者恐不得聞其過也學問至於芻
蕘者求善無饜也商人庶人誹謗已而

堯者求善無饜也商人庶人誹謗已而
改之從善無不聽也昔秦力并萬國富
有天下破國以爲郡縣築長城以爲關
塞秦地之固小大之勢輕重之權其與
一家之富一夫之彊胡可勝計也然而
兵破於陳涉地奪於劉氏者何也秦王
貪狼暴虐殘賊天下窮困萬民以適其
欲也昔者周蓋千八百國以九州之民
養千八百之君用民之力不過歲三日

【第八紙】

養千八百之君用民之力不過歲三日
什一而籍君有餘財民有餘力而頌聲
作秦皇帝以千八百國之民自養力疲
不勝其役財盡不勝其求一君之身所
以自養者馳騁弋獵之娯天下弗能供
也勞疲者不得休息飢寒者不得衣食
無辜死刑者無所告訴人与之為怨家
与之為讎故天下壊也身死纔數月天
下四面而攻之宗廟滅絶矣秦皇帝居

下四面而攻之宗廟滅絶矣秦皇帝居
滅絶之中而不自知者何也天下莫敢
告也其所以莫敢告者何也無養老之
義無輔弼之臣無進諫之士縱恣行誅
退誹謗之人致直諫之士是以媮合苟
容比其德則賢於堯舜課其功則賢於
湯武天下已潰而莫之告也詩曰匪言
不能胡此畏忌此之謂也又曰濟濟多
士文王以寧天下未嘗無士也然而文

士文王以寧天下未嘗無士也然而文
王獨言以寧者何也文王好仁興得士
而敬之則士用〻之有礼義故不致其
受敬則不能盡其心則不能盡其力則不
能成其功故古之賢君於其臣也尊其
爵祿而親之疾則臨視之無數死則弔
哭之為之服錫衰而三臨其喪未斂不
飲酒食内未葬不舉樂當宗廟之祭而
死為之廢樂故古之君人者於其臣

【第九紙】

死爲之廢樂故古之君人者於其臣
也可謂盡禮矣故臣下莫敢不竭力盡
死以報其上功德立於世而令聞不忘
也鄒陽齊人也事吳王濞濞以太子事
怨望稱疾不朝陰有邪謀陽奏書諫吳
王不納其言去之梁從孝王遊陽爲人
有智略忼慨不苟合介於羊勝公孫詭
之間勝等疾陽惡之於孝王孝王怒下
陽吏將殺之陽迺從獄中書曰臣聞忠

陽吏將殺之陽迺從獄中書曰臣聞忠
无不報信不見疑臣常以爲然徒虚語
耳昔者荊軻慕燕丹之義白虹貫日太
子畏之　燕太子丹厚養荊軻令西刺秦王其精誠感天白虹爲之貫日
也白兵象也日君象也　衛先生爲秦畫長平之事
太白食昴昭王疑之　破長平軍欲遂滅趙遣衛先生説昭
王益兵糧爲應侯所害事不成其精誠上達於天故太白爲之食昴昴趙分也
夫精變天地而信不諭兩主豈不哀哉
今臣盡忠竭誠畢議願知　盡其計議願王知之也

今臣盡忠竭誠畢議願知盡其計議願王知之也
左右不明卒從吏訊為世所疑是使荊
軻衛先生復起而燕秦不寤也願大王
孰察之昔玉人獻寶楚王誅李斯竭忠
胡亥極刑是以箕子陽狂接輿避世恐
遭此患也願大王察玉人李斯之意而
後楚王胡亥之聽無使臣為箕子接輿
所笑臣聞比干剖心子胥鴟夷臣始不
信迺今知之願大王孰察少加憐焉語

信廼今知之願大王孰察少加憐焉語
曰有白頭如新傾蓋如故何則知與不
知也故樊於期逃秦之燕借荊軻首以
奉丹事於期為秦將被走之燕燕始皇滅其家人重購之燕遣軻刺始皇
於期自刎首令軻齎往也王奢去齊之魏臨城自剄
以却齊而存魏王奢齊臣也亡其後齊伐魏奢登城謂齊將曰

【第十紙】

今君之來不過以奢故也義不苟生以為魏累也遂自剄夫王奢樊
於期非新於齊秦而故於燕魏也所以
去二國死兩君者行合於志慕義無窮

去二國死兩君者行合於志慕義無窮也穌秦相燕人惡於燕王燕王按劒而怒食以駃騠（駃騠駿馬也敬重穌秦雖有讒謗而更勝以珍奇之味也）白圭顯於中山人惡之魏文侯文侯賜以夜光之璧何則兩主二臣剖心折肝相信豈移於浮辭哉女無美惡入宮見妬士無賢不肖入朝見疾昔司馬喜臏脚於宋卒相中山范睢拉脅折齒於魏卒爲應侯此二人者皆信必然之畫

魏卒為應侯此二人者皆信必然之畫捐朋黨之私故不能自免於疾妬之人也百里奚乞於道路繆公委之以政甯戚飯牛車下桓公任之以國此二人者豈素宦於朝借譽左右然後二主用之哉感於心合於行堅如膠漆昆弟不能離豈惑於衆口哉故偏聽生姦獨任成亂昔魯聽季孫之說逐孔子宋任子冉之計囚墨翟夫以孔墨之辯不能自免

【第十一紙】

之計囚墨翟夫以孔墨之辯不能自免於讒諛而二國以危何則衆口鑠金積毀銷骨也秦用戎人由余而伯中國齊用越人子臧而强威宣此二國豈係於俗牽於世繫奇偏之辭哉公聽並觀垂明當世故意合則骨肉為讎敵朱象管蔡是矣今人主誠能用齊秦之明後宋曽之聽則五伯不足侔而三王易為也夫晉文親其讎强伯諸侯齊桓用其仇

夫晉文親其讎强伯諸侯齊桓用其仇而匡天下何則慈仁慇勤誠加於心不可以虚辭借也至夫秦用商鞅之法東弱韓魏立强天下卒車裂之越用大夫種之謀禽勁呉而伯中國遂誅其身是以孫叔敖三去相而不悔於陵子仲辭三公為人灌園也今人主誠能去驕傲之心懐可報之意披心腹見情素隋肝膽施德厚無愛於士則桀之狗可使吠

膽施德厚無愛於士則桀之狗可使吠堯跖之客可使刺由何况因萬乘之權假聖王之資乎然則荊軻沈七族要離燔妻子豈足爲大王道哉臣聞明月之珠夜光之璧以闇投人於道衆莫不按劍相眄者何則無因而至前也蟠木根柢輪囷離奇（根柢下本也輪囷離奇委曲盤戾）而爲萬乘器者以左右先爲之容也故無因至前雖出隨珠和璧祇結怨而不見德有

【第十二紙】

前雖出隨珠和璧祇結怨而不見德有
人先游則枯木朽株樹功而不忘今
夫天下布衣窮居之士身在貧羸雖蒙堯
舜之術挾伊管之辯懐龍逢比干之意
而素無根柢之容雖竭精神欲開忠於
當世則人主必襲案劍眄之迹矣是使
布衣之士不得為枯木朽株之資也今
人主沈諂諛之辭牽帷廧之制使不羈
之士与牛驥同皁此鮑焦所以憤於世

之士与牛驥同阜此鮑焦所以憤於世
臣聞盛飾入朝者不以私汙義砥礪名
號者不以利傷行故里名勝母曾子不
入邑號朝歌墨子迴車今欲使天下寥
廓之士籠於威重之權脅於位勢之貴
迴面汙行以事諂諛之人而求親近於
左右則士有伏死堀穴巖之中耳安有
盡忠信而趣闕下者哉書奏孝王立出
之卒為上客枚乘字叔淮陰人也為吳

之卒爲上客枚乘字叔淮陰人也爲吳
王濞郎中吳王之初怨望謀爲逆也乘
奏書諫曰臣聞得全者全昌失全者全
亡忠臣不避重誅以直諫則事無遺策
功流萬世臣乘願披心腹而效愚忠
唯大王少加意念於臣乘言夫以一縷
之任係千鈞之重上懸之無極之高下
垂之不測之深雖甚愚之人猶知哀其
將絕也馬方駭鼓而驚之係方絕又重

【第十三紙】

将絶也馬方駭鼓而驚之係方絶又重
鎮之係絶於天下不可復結墜入深泉
難以復出其出不出間不容髮言其微切甚急
也能聽忠臣之言百舉必脱必若所欲
爲危於累卵難於上天變所欲爲易於
反掌安於泰山今欲極天下之壽敝無
窮之樂究萬乘之勢不出反掌之易以
居泰山之安而欲乗累卵之危走上天
之難此愚臣之所大惑也人性有畏其

之難此愚臣之所大惑也人性有畏其影而惡其迹者去之背而走迹逾多影逾之影逾疾不如就陰而止影滅迹絶欲人勿聞莫若勿言欲人勿知莫若勿爲欲湯之滄滄寒也一人炊之百人揚之無益也不如絶薪止火而已不絶之於此辟由抱薪而救火也夫銖銖而稱之至石必差寸寸而度之至丈必過石稱丈量徑而寡失夫十圍之木始生而如蘖

量徑而寡失夫十圍之木始生而如蘖足可搔而絶手可擢而拔據其未生先其未形也磨礱砥礪不見其損有時而盡種樹畜養不見其益有時而大積德累行不知其善有時而用弃義背理不知其惡有時而亡臣願大王孰計而行之此百世不易之道也吳王不納乘去而之梁路溫舒字長君鉅鹿人也宣帝初即位溫舒上書言宜尚德緩刑其辭

【第十四紙】

初即位温舒上書言宜尚德緩刑其辭
曰臣聞齊有无知之禍而桓公以興晉
有驪姫之難而文公用伯近世諸呂作
亂而孝文爲宗由是觀之禍亂之作將
以開聖人也帝永思至德以承天心崇
仁義有刑罸通開梁壹遠近敬賢如大
賓愛民如赤子内恕情之所安而施之
海内是以囹圄空虚天下太平夫繼變
化之後必有異舊之德此賢聖所以昭

化之後必有異舊之德此賢聖所以昭天命也陛下初登至尊冝改前世之失滌煩文除民疾存亡繼絶以應天意臣聞秦有十失其一尚存治獄之吏是也秦之時羞文學好武勇賤仁義之士貴治獄之吏正言者謂之誹謗遏過者謂之妖言故盛服先王不用於世忠良切言皆鬱於胷譽諛之聲日滿於耳虚美熏心實禍蔽塞此乃秦之所以亡

虛美熏心實禍蔽塞此乃秦之所以亡
天下也方今天下賴陛下厚恩無金革
之危飢寒之患然太平未洽者獄亂之
也夫獄者天下之大命死者不可生斷
者不可屬書曰與殺不辜寧失不經今
治獄吏則不然上下相毆以刻為明深
者獲功名平者多後患故治獄之吏皆
欲人死非憎人也自安之道在人之死
是以死人之血流離於市被刑之徒比

【第十五紙】

是以死人之血流離於市被刑之徒比肩而立大辟之計歲以萬數此仁聖之所傷也太平之未洽凡以此也夫人情安則樂生痛則思死棰楚之下何求而不得故囚人不勝痛則飾辭以示之吏治者利其然則指道以明之上奏畏却則鍛練而周內之（精孰周致之法忠也）蓋奏當之成雖咎繇聽之猶以為死有餘辜何則成練者衆文致之罪明也是以獄吏

則成練者衆文致之罪明也是以獄吏
專爲深刻殘賊不顧國患此世之大賊
也故俗語曰畫地爲獄議不入刻木爲
吏期不對此皆疾吏之風悲痛之辭也
故天下之患莫深於獄敗法亂正離親
塞道莫甚乎治獄之吏此所謂一尚存
者也臣聞烏鳶之卵不毀而後鳳皇集
誹謗之罪不誅而後良言進故古人有
言曰山藪藏疾川澤納汙瑾瑜匿惡國

言曰山藪藏疾川澤納汙瑾瑜匿惡國
君含詬唯陛下除誹謗以招切言開天
下之口廣箴諫之路掃亡秦之失尊文
武之德省法制寬刑罰則太平之風可
興於世永履和樂與天無極天下幸甚
上善其言穌建杜陵人也子武字子卿
武帝遣武以中郎將持節送匈奴使會
虞常等謀反匈奴中虞常在漢時素與
武副張勝相知私候勝曰聞漢天子甚

【第十六紙】

武副張勝相知私候勝曰聞漢天子甚怨衛律常能為漢殺之吾母与弟在漢幸蒙其賞人夜亡告之單于怒召諸貴人議欲殺漢使者左伊秩訾曰胡官号也漢使謀害衛王而殺之即謀單于何以復加宜皆降之單于使衛律召武受辭武曰屈節辱命雖生何面目以歸漢引佩刀自刺衛律驚自抱持武氣絶半日復息單于壯其節使暁武會論虞常欲因

息單扗于其節使曉武會論虞常欲因
此時降武劍斬虞常已律曰單于募降
者赦罪舉劍欲擊之勝請降律謂武曰
副有罪當相坐復舉劍擬之武不動律
曰蘇君律前負漢歸匈奴幸蒙大恩賜
號稱王擁衆數萬馬畜弥山富貴如此
穌君今日復然空以身膏草野誰復知
之武不應律曰君因我降与君為兄弟
今不聽吾計後雖欲復見我尚可得乎

今不聽吾計後雖欲復見我尚可得乎
武罵律曰汝為人臣子不顧恩義畔主
背親為降虜於蠻夷何以汝為見且單
于信汝使決人死生不平心持正反欲
鬬兩主觀禍敗南越殺漢使者屠為九
郡宛王殺漢使者頭懸北闕朝鮮殺漢
使者即時誅滅獨匈奴未耳若知我不
降明欲令兩國相攻匈奴之禍從我始
矣律知武終不可脅白單于〻〻愈益

矣律知武終不可脅白單于〻〻愈益
欲降之迺幽武置大窖中絶不飲食天
雨雪武卧齧雪與旃毛并咽之數日不
死匈奴以為神乃徙武北海上無人處
使牧羝羊曰羝乳乃得歸武至海上廩
食不至掘野鼠草實而食之杖漢節而
【第十七紙】
牧羊卧起操持節旄盡落單于使李陵
至海上為武置酒設樂因謂武曰單于
聞陵與子卿素厚故使陵來説足下虚

聞陵與子卿素厚故使陵來説足下虚心欲相待終不得歸空自苦無人之地信義安所見乎來時大夫人已不幸子卿婦年少聞已更嫁矣獨有女弟二人兩女一男今復十餘年存亡不可知人生如朝露何久自苦如此陵始降時忽忽如狂自痛負漢加以老母繫保宮子卿不欲降何以過陵且陛下春秋高法令無常大臣無罪夷滅者數家安危不可

無常大臣無罪夷滅者數家安危不可
知尚復誰爲乎願聽陵計武曰武父子
無功德皆陛下所成就位列將爵通侯
兄弟親近常願肝腦塗地今得致身自
効雖蒙斧鉞湯鑊誠甘樂之臣事君猶
事父子爲父死無所恨願勿復再言陵
与武飲數日復曰子卿壹聽陵言武曰
自分已死久矣王必欲降武請畢今日
之驩効死於前陵見其至誠喟然歎曰

之讎効死於前陵見其至誠喟然歎曰
嗟乎義士陵與衛律罪上通天因泣下
霑襟與武決去武留匈奴十九年始以
强壯出及還鬚髮盡白在匈奴聞上崩
南向號哭歐血旦夕臨數月卒得全歸宣
帝甘露三年單于始入朝上思股肱之

【第十八紙】

美乃圖畫其人於麒麟閣法其形貌署
其官爵姓名唯霍光不名曰大司馬大
將軍博陸侯姓霍氏次曰衛將軍富平

将軍博陸侯姓霍氏次曰衛将軍富平
侯張安世次曰車騎将軍龍額侯韓增
次曰後将軍營平侯趙充國次曰丞相
高平侯魏相次曰丞相博陽侯邴吉次
曰御史大夫建平侯杜延年次曰宗正
陽成侯劉德次曰少府梁丘賀次曰太子
太傅蕭望之次曰典屬國蘇武皆有功
德知名當世是以表而揚之明著中興
輔佐列於方叔召虎仲山甫焉凡十一人

輔佐列於方外呂虎仲甫焉凡十一人
韓安國字長孺梁人也為御史大夫是
時匈奴請和親上下其議大行王恢議
曰漢與匈奴和親率不過數歲即背約
不如勿許舉兵擊之安國曰千里而戰
即兵不獲利今匈奴負我馬足懷鳥獸
心遷徙鳥集難得而制得其地不足為
廣有其衆不足為強自古弗屬為人漢
數千里爭利則人馬疲虜以全制其弊

【第十九紙】

數千里爭利則人馬疲虜以全制其弊
勢必危殆臣故以為不如和親羣臣議
多附安國於是上許和親明年鴈門馬
邑豪聶壹因大行王恢言匈奴初和親
親信邊可誘以利致之伏兵襲擊必破
之道也上迺召問公卿曰朕飾子女以
配單于幣帛文錦賂之甚厚單于待命
加嫚侵盜無已邊境數驚朕甚閔之今
欲舉兵攻之何如大行王恢對曰陛下

欲舉兵攻之何如大行王恢對曰陛下雖未言臣固願效之臣聞全代之時北有強胡之敵內連中國之兵然尚得養老長幼倉廩常實匈奴不輕侵也今以陛下威海內爲一人遣子弟乘邊守塞轉粟輓輸以爲之備然匈奴侵盜不已者無他以不恐之故耳臣竊以爲擊之便安國曰不然臣聞高皇帝嘗圍於平城七日不食天下歌之解圍反位而無忿怒傷天下之

下歌之解圍反位而無忿怒傷天下之
功故迺遣奉金千斤以結和親至今為
五世利孝文皇帝又嘗壹擁天下之精
兵聚之廣武常谿然無尺寸之功而天
下黔首無不憂者孝文寤於兵之不可
宿故復合和親之約此二聖之跡足以
爲効矣臣竊以爲勿擊便恢曰不然臣
聞五帝不相襲礼三王不相復樂非故
相反也各因世宜且高帝所以不報平

【第二十紙】

相反也各自世宜且高帝所以不報平
城之怨者非力不能所以休天下之心
也今邊境數驚士卒傷死中國轊車相
望此仁人之所隱也隱痛也臣故曰擊之
便安國曰不然臣聞利不十者不易業
功不百者不變常且自三代之盛夷狄
不与正朔服色非威不能制彊弗能制
彊弗服也以爲遠方絶地不牧之臣不
足煩中國也且匈奴輕疾悍亟之兵也

足煩中國也且匈奴輕疾悍亟之兵也之至如猋風去如收電逐獸隨草居處得無常難得而制今使邊郡久廢耕織以支胡之常事其勢不相權也臣故曰勿擊便嬖曰不然臣聞鳳鳥乘於風聖人因於時昔秦繆公都雍地方三百里知時宜之變攻取西戎闢地千里及後蒙恬為秦侵胡闢數千里以河為境匈奴不敢飲馬於河夫匈奴獨可以威服

奴不敢飲馬於河夫匈奴獨可以威服
不可以仁畜也今以中國之威萬倍之
資遣百分之所攻匈奴譬猶以強弩射
且潰之癰也必不留行矣若是則北發
月氏可得而臣也故曰擊之便安國曰
不然臣聞用兵者以飽待飢正治以待
其亂定舍以待其勞故接兵覆衆伐國
墮城常坐而役敵國此聖人之兵也且
臣聞之衝風之衰不能起毛羽強弩之

【第二十一紙】

臣聞之衝風之衰不能起毛羽彊弩之
末力能入魯縞夫盛之有衰猶朝之有
暮也今卷甲輕舉深入長敺難以爲功
從行則迫脅横行則中絶疾則糧乏徐
則後利不至千里人馬乏食兵法曰遺
人獲也意者有他妙巧以禽之則臣不
知也不然則未見深入之利也臣故曰
勿擊便恢曰不然夫草木遭霜者不可
以風過清水明鏡不可以形逃通方之

以風過清水明鏡不可以形逃通方之士不可以文乱今臣言擊之者固非發而深入也將順因單于之欲誘而致之邊吾選驍騎壯士審遮險阻吾勢已定或營其左或營其右或當其前或絶其後單于可禽百全必取上曰善迴從恢議陰使聶壹爲閒亡入匈奴謂單于曰吾能斬馬邑令丞以城降財物可盡得單于信以爲然而許之壹迺詐斬死罪

單于信以爲然而許之壹迺詐斬死罪
囚縣其頭馬邑城下示單于使者於是
單于穿塞將十萬騎入武州塞是時漢
兵卅餘萬匿馬邑旁谷中紛單于入馬
邑縱兵擊之單于入塞百餘里覺之還
去諸將竟無功恢然自殺董仲舒廣川
人也下帷讀書三年不窺園舉賢良武
帝制問焉曰蓋聞五帝三王之道改制
作樂而天下洽和百王同之聖王已沒

【第二十二紙】

作樂而天下洽和百王同之聖王已沒
鍾鼓筧弦之聲未衰而大道微缺陵夷
至乎桀紂之行作王道大壞矣夫五百
年之間守文之君當塗之士欲則先王之
法以載翼其世者甚衆然猶不能及至
後王而後止豈其所持操或誖繆而失
統與固天降命不可復反与夙興夜寐
法上古者又将無補与三代受命其符
安在灾異之變何緣而起性命之情或

安在災異之變何緣而起性命之情或
夭或壽或仁或鄙習聞號未燭厥理伊
欲風流而令行刑輕而姦改百姓和樂
政事宣照何脩何飾而膏露降百穀登
德潤四海澤臻草木三光全寒暑平受
天之祐享鬼神之靈德澤洋溢施乎方
外延及群生大夫其明以諭朕靡有所
隱仲舒對曰陛下發意音下明詔求天
命與情性皆非愚臣之所能及也臣謹

命与情性皆非愚臣之所能及也臣謹
春秋之中視前世已行之事以觀天人
相與之際甚可畏也國家有失道之敗
而天乃先出灾害以譴告之不知自省
又出怪異以驚懼之尚不知變而傷敗
乃至以此見天心之仁愛人君而欲止
其亂也自非大無道之世者天盡欲扶
而令安之事在彊勉而已矣彊勉學問
則聞見博而智益明彊勉行道則德日

【第二十三紙】

則聞見博而智益明強勉行道則德日
起而大有功此皆可使還至而立有効
者也夫人君莫不欲安存而惡危亡然
而政乱國危者甚衆所任者非其人而
所由者非其道也夫周道衰於幽厲非
道亡也幽厲不由也至於宣王思昔先
王之德周道粲然復興此夙夜不懈行
善之致也孔子曰人能弘道非道弘人
也故治乱廢興在於己非天降命不可

也故治亂廢興在於己非天降命不可
得反也及至後世淫泆衰微諸侯背叛
廢德教而任刑罰刑罰不中則生邪氣
邪氣積下怨惡蓄於上上下不和陰陽
繆盭而妖孽生矣此災異所緣而起也
故堯舜行德則民仁壽桀紂行暴則民
鄙夭夫上之化下下之從上猶泥之在
鈞唯甄者之所爲陶人作瓦器謂之甄猶金之在
鎔唯冶者之所鑄綏之斯俫動之斯和

鎔唯治者之所鑄綏之斯俫動之斯和
此之謂也天道之大者在陰陽〻爲德
陰爲刑主殺而德主生是故陽常居大
夏而以生育養長爲事陰常居大冬而
積於空虛不用之處以此見天之任德
不任刑也天使陽出布施於上而主歲
功使陰入伏於下而時出佐陽〻不得
陰之助亦不能獨成歲也王者承天意
以從事故任德教而不任刑〻者不可

以從事故任德教而不任刑々者不可
任以治世猶陰之不可任以成歲也為
政而任刑不順於天故先王莫之肯為
也今廢先王任德教之官而獨用執法
之吏治民々無乃任刑之意与孔子曰不
教而誅謂之虐々政用於下而欲德教之

【第二十四紙】

被四海故難成也故為人君者正心正
朝廷以正百官正百官以正萬民正萬
民以正四方四方正遠近莫敢不壹於

民以正四方四方正遠近莫敢不壹於
正而無邪氣奸其間者是以陰陽調
而風雨時羣生和而萬民殖天地之間
被潤澤而大豐美四海之内聞盛德而
皆徠臣諸福之物可致之祥莫不畢至
而王道終矣孔子稱鳳鳥不至河河不
出圖吾已矣夫自悲能致此物而身卑
賤不得致也今陛下居得致之位操可
致之勢又有能致之資然而天地未應

致之勢又有能致之資然而天地未應
而美祥莫至者何也凡民之從利如水
之走下以教化隄防之不能止也是故
教化立而姦邪皆止者其隄防完也
教化廢而姦邪皆出刑罰不能勝者其
隄防壞也古之王者莫不以教化為大
務立大學以教於國設庠序以化於邑
漸民以仁摩民以義節民以禮故其刑
罰甚輕而禁不犯者教化行而習俗美

【第二十五紙】

罰甚輕而禁不犯者教化行而習俗美也聖王之繼亂世也掃除其迹而悉去之復脩教化而崇起之教化已明習俗已成子孫脩之行五六百歲尚未敗也至周之末世大爲無道以失天下秦繼其後獨不能改益甚之重禁文學弃捐禮誼其心欲盡滅先聖之道而專爲自恣苟簡之治故立爲天子十四歲而南國破亡矣自古以來未嘗以亂濟亂

南國破亡矣自古以來未嘗以亂濟亂大敗天下之民如秦者也其遺毒餘烈至今未滅今漢繼秦之後如朽木糞墻矣雖欲善治之無可奈何法出而奸生令下而詐起如以湯止沸以薪救火愈甚無益也竊譬之琴瑟琴瑟不調甚者必解而更張之乃可鼓也爲政而不行甚者必變而更化之乃可理也當更張而不更張雖有良工不能善調也當更

而不更張雖有良工不能善調也當更化而不更化雖有大賢不能善治也故漢得天下以來常欲善治而至今不可善治者失之於當更化而不更化也古人有言臨川而羨魚不如退而結網今臨政而願治七十餘歳矣不如退而更化則可善治善治則災害日去福祿日來夫仁誼禮智信五常之道王者所當脩飾故受天之祐而享鬼神之靈德施

【第二十六紙】

脩飾故受天之祐而享鬼神之靈德施
于方外延及群生也天子覽其對而異
焉制曰蓋聞虞舜之時垂拱無爲而天
下太平周文王至於日昃不暇食而宇
内亦治夫帝王之道豈不同條共貫与
何逸勞之殊也殷人執五刑以督姦傷
肌膚以懲惡成康不式卌餘年天下不犯
囹圄空虚秦國用之死者甚衆刑者相
望朕夙寤晨興惟前帝王之憲功烈休

望朕夙寤晨興惟前帝王之憲功烈休
德未始云獲今陰陽錯謬群生寡遂廉
恥貿亂賢不肖渾殽未得其真明其指
略稱朕意焉
仲舒對曰臣聞堯受命以天下為憂而
未聞以位為樂也故誅逐亂臣務求賢
聖是以教化大行天下和洽虞舜因堯
之輔佐繼其統業是以垂拱無為而天
下治孔子曰韶盡美矣又盡善矣此之

下治孔子曰韶盡美矣又盡善矣此之
謂也至殷紂逆天暴物殺戮賢智天下
秏乱萬民不安文王順天理物悼痛而
欲安之是以日昃不暇食也由此觀之
帝王之條貫同然而勞逸異所過之時
異也陛下愍世俗之靡薄悼王道之不
昭故舉賢良方正之士論議考問將欲
興仁誼之休德明帝王之法制建太平
之道也此大臣輔佐之職三公九卿之

【第二十七紙】

之道也此大臣輔佐之職三公九卿之
任非臣仲舒所及也然而臣竊有所怪
夫古之天下亦今之天下今是天下古
以大治上下和睦不令而行不禁止吏
無姧邪囹圄空虚德潤草木澤被四海
以古准今壹何不相遠之遠也安所繆
盭而陵夷若是意者有所失於古之道
与有所詭於天之理与夫天亦有所分
与々之上齒者去其角傅其翼者兩其

与ゝ之上齒者去其角傅其翼者兩其足是所受大者不得取小也古之所与祿者不食於力不動於末是亦受大者不得取小也夫已受大又取小天不能足而況人乎此民之所以囂ゝ苦不足也身寵而戴高位家溫而食厚祿因乘富貴之資力以与民爭利於下民安能如之哉是故博其產業畜其積委務此而無已以迫蹵民ゝ浸以大窮富者奢

而無已以迫蹙民民浸以大窮富者奢侈羨溢貧者窮急愁苦而上不救則民不樂生民不樂生尚不避死安能避罪此刑罰之所以繁而姦邪不可勝者也故受祿之家食祿而已不與民爭業然後利可均布而民可家足也此上天之理而太古之道天子之所宜法以為制大夫所之當循以為行也故公儀子慍而出其婦慍而拔其葵曰吾已食祿矣

【第二十八紙】

而出其婦燔而拔其葵曰吾已食祿矣
又奪園夫工女利乎古之賢人君子在
列位者皆如是故下高其行而從其敎
民化其廉而不貪鄙故詩曰赫赫師尹
民具尒瞻由是觀之天子大夫者下民
之所視効豈可以居賢人之位而庶人
行哉皇皇求財利常恐匱乏者庶人之
意也皇皇求仁義常恐不能化民者大
夫之意也易曰負且乘致寇至乘車者

夫之意也易曰負且乘致寇戎乘車者
君子之位也負擔者小人之事也此言
居君子之位而為庶人行者其患禍必
至也

群書治要卷第十七

建治元年六月二日以句勘本書
寫點校終功此卷一部事先年

656 寫點校終功此本一部事先年

657 後藤壹州為大番在洛之日予

658 依令誂所本寫下之句於當卷

659 者假藤三品（茂範）之手令加點

660 畢矣去文永七年極月回祿成

661 孽化一灰燼了今本者炎上以

662 前以予本句勘之本寫之間字

663 又以件本重令書寫者也

664 越州刺史平（花押）

664

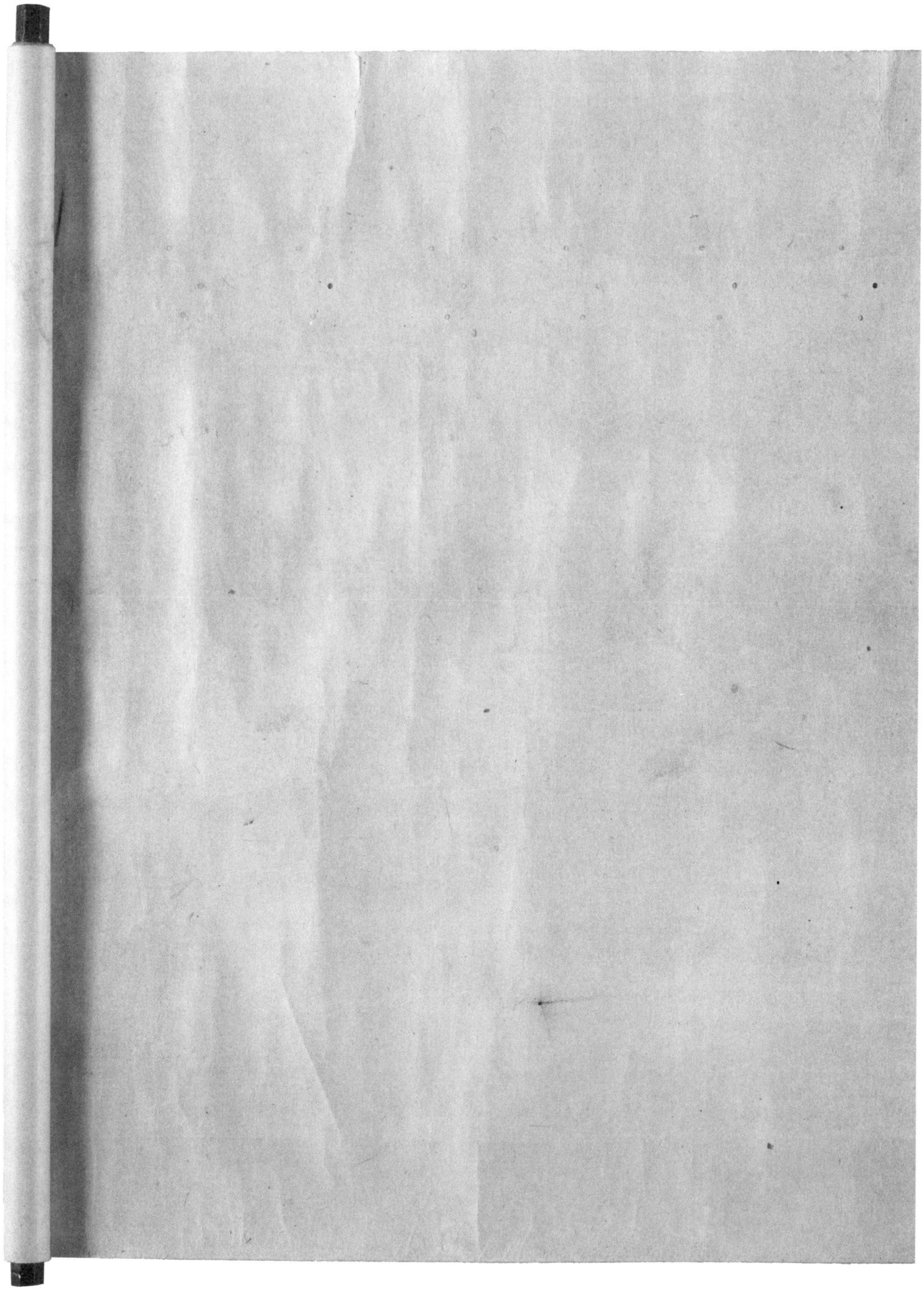